ISÖ-Text 2020-3

Online-Delphi in der Zukunftsforschung zur Sozialpolitik

Timo Hutflesz und Michael Opielka

ISÖ – Institut für Sozialökologie gemeinnützige GmbH
ISÖ – Institute for Social Ecology non-profit company

Bibliographische Information der Deutschen Nationalbibliothek:

Die Deutsche Nationalbibliothek verzeichnet diese Publikation in der Deutschen Nationalbibliographie; detaillierte bibliographische Daten sind im Internet unter http://dnb.dnb.de abrufbar.

© 2020 ISÖ – Institut für Sozialökologie gemeinnützige GmbH

Herstellung und Verlag:

BoD – Books on Demand, Norderstedt

ISBN: 978-3-75195-734-2

ISÖ-Text 2020-3

Online-Delphi in der Zukunftsforschung zur Sozialpolitik

Vortrag Online-Konferenz „Neuere Entwicklungen bei der Delphi- Methode",
Netzwerk Zukunftsforschung, 26. Juni 2020

Timo Hutflesz und Michael Opielka

Siegburg, September 2020

ISÖ - Institut für Sozialökologie gemeinnützige GmbH

Ringstraße 8, 53721 Siegburg

Tel.: +49 (0) 2241 1457073, Fax: +49 (0) 2241 1457039, E-Mail: info@isoe.org, Web: www.isoe.org

Coverabbildung: ISÖ

Dieser Text ist das Manuskript eines Vortrages der Autoren auf der Online-Konferenz „Neuere Entwicklungen bei der Delphi-Methode" des Netzwerk Zukunftsforschung am 26. Juni 2020. Die Videofassung des Vortrages und weitere Informationen und Vorträge dieser Konferenz finden Sie im Internet unter: https://www.isoe.org/projekte/vortraege/online-delphi-in-der-zukunftsforschung-zur-sozialpolitik-26-6-2020/

Weitere Informationen zum Projekt „Zukunftslabor" finden Sie im Internet unter: https://www.isoe.org/projekte/laufende-projekte/zukunftslabor-schleswig-holstein-wissenschaftliche-koordination/

Die Ausarbeitung des Vortrages und die vorliegende Veröffentlichung wurden aus Eigenmitteln des ISÖ finanziert. Der Vortrag verwendet ausschließlich bereits veröffentlichte Daten und Materialien.

Inhaltsverzeichnis

ISÖ
Institut für
Sozialökologie

Abbildungsverzeichnis

ISÖ
Institut für
Sozialökologie

1   Problemstellung

Das ISÖ - Institut für Sozialökologie koordiniert im Auftrag der Landesregierung von Schleswig-Holstein, federführend das Ministerium für Soziales, Gesundheit, Jugend, Familie und Senioren, zwischen Dezember 2018 und März 2021 das *„Zukunftslabor Schleswig-Holstein"* (ZLabSH).[1] In Abstimmung mit einem für das Zukunftslabor gegründeten Beirat und einer Interministeriellen Arbeitsgruppe (IMAG) sollen wichtige sozialpolitische Fragen der Zukunft diskutiert und Lösungsvorschläge ausgearbeitet werden.[2] Im Februar 2020 hat die Landesregierung den Vertrag zum Zukunftslabor fristlos gekündigt und im April 2020 einen Bericht veröffentlicht[3], mit dem diese Kündigung begründet wird. Zu den Kündigungsgründen zählt aus Sicht der Landesregierung wesentlich die Konzeption und Durchführung einer Delphi-Befragung im Zukunftslabor. Das ISÖ hat im Februar 2020 einen zweiten Bericht der Wissenschaftlichen Begleitung und Koordinierung zu „Zukunftsszenarien und Reformszenarien" vorgelegt [4], der unter anderem diese Delphi-Befragung vorstellt und analysiert. Die Landesregierung hat unmittelbar vor Veröffentlichung ihres eigenen Berichts erwirkt[5], dass die Studie des ISÖ nicht veröffentlicht werden darf. Das ISÖ hat die erforderlichen Rechtsmittel eingelegt. Das eifrige Vorgehen der Politik und die für demokratische Staaten erstaunliche Praxis deuten an, dass es in diesem Vorgang um viel geht. Da die Delphi-Befragung sowohl in Real-Time-Settings wie online durchgeführt wurde, sind alle wesentlichen Fragestellungen und Ergebnisse ohnehin unmittelbar seit Durchführung online zugänglich.[6] Mit dem vorliegenden Vortrag sollen zum einen die Delphi-Befragung im Zukunftslabor, soweit sie auch bisher öffentlich zugänglich und bekannt ist, zusammengefasst

---

[1]   www.zlabsh.de
[2]   Zur Konzeption und Programmatik siehe Opielka 2019a.
[3]   Schleswig-Holsteinischer Landtag 2020.
[4]   Opielka/Peter 2020.
[5]   Durch einstweilige Verfügung des Landgerichts Flensburg vom 15.4.2020 (Az. 8 O 27/20).
[6]   https://www.isoe.org/aktuelles/news/delphi-befragung-im-zukunftslabor-gestartet-ihr-expertinnen-wissen-ist-gefragt-beteiligen-sie-sich/ Hier finden sich auch die im Anhang dokumentierten Zukunfts- und Reformszenarien zum Download.

vorgestellt und zum anderen ihre Implikationen für die Zukunftsforschung diskutiert werden. Wir werden zeigen, dass die im Bericht der Landesregierung erhobenen Vorwürfe nicht untypisch sind für ein allgemeines, allerdings fehlgehendes Verständnis von Delphi-Befragungen.

Das Zukunftslabor sollte untersuchen, welche Möglichkeiten aber auch Probleme die Schlüsselfaktoren Digitalisierung und Demographie in Bezug auf die Zukunft der Sozialpolitik aufwerfen.[7] Hierzu sollten unter Beachtung dieser Schlüsselfaktoren mögliche Zukunftsszenarien erarbeitet werden, wie sich Gesellschaft und Sozialpolitik künftig entwickeln könnten. Weiterhin sollten Reformvorschläge vorgelegt werden, die die Probleme der Zukunft möglichst effektiv lösen. Dabei sollten auch Konzepte wie Bürgergeld, Grundeinkommen und Bürgerversicherung untersucht und einer Folgenabschätzung unterzogen werden. Diese Zukunfts- und Reformszenarien durchliefen im Laufe des Projekts mehrere Iterationen. Im ersten Schritt wurden sie durch das ISÖ inhaltlich basierend auf Literatur und Forschungsergebnissen der Wissenschaft entwickelt und den Stakeholdern vorgestellt. Durch die Kritik und Anmerkungen der Stakeholder wurden sie weiter überarbeitet. Anschließend wurden die überarbeiteten Szenarien durch das Online-Delphi sowie mehrere Zukunftsworkshops weiter ausgearbeitet und verbessert. Das Online-Delphi hatte insbesondere die Aufgabe den ExpertInnenkreis zu erweitern und die bisher ausgearbeiteten Inhalte zu validieren und bewerten. Weiterhin diente es zur Exploration, um dem Forscherteam bisher eventuell nicht beachtete inhaltliche Ausprägungen aufzuzeigen. Die finalen Szenarien sind zur Übersicht und Verständlichkeit des vorliegenden Beitrags im „Anhang: Zukunftsszenarien und Reformszenarien" dokumentiert.

Mit dem Vorhaben startete die Landesregierung von Schleswig-Holstein ein ambitioniertes Projekt, da es sich nicht nur um ein hochkomplexes Themengebiet handelt, sondern vorrangig um ein Aufgabengebiet des Bundes und nicht der Länder.

---

[7]   Ausführlich dazu die Beiträge in Opielka 2019.

Das Zukunftslabor bot eine einmalige Chance wichtige Erkenntnisse über zukunfts-
weisende Reformen zu erlangen und den Anstoß für wichtige Reformvorhaben zu
liefern. Das ISÖ hatte dabei mit einem prominenten Konsortium den Zuschlag erhalten. Dr. Bruno Kaltenborn und Prof. Dr. Alexander Spermann legten bereits in der
ersten Veröffentlichung des Zukunftslabors Literaturstudien zu den Auswirkungen
von Demographie und Digitalisierung auf die Sozialpolitik vor.[8] Das DIW sollte unter
der Federführung von Dr. Stefan Bach die fiskalische und makroökonomische Folgenabschätzung der Reformszenarien übernehmen.[9] Unmittelbar vor Beginn dieses Arbeitsschrittes beendete die Landesregierung das Projekt.[10]

Neben der Erarbeitung verschiedener Zukunfts- und Reformszenarien beinhaltete
das im Rahmen des Ausschreibungsverfahrens angenommene Angebot des ISÖ
eine Reihe von partizipativen Verfahren, um dem Charakter eines „Labors" Rechnung zu tragen. Partizipation war dem ISÖ insbesondere deshalb wichtig, da Sozialpolitik einerseits ein hochkomplexes Thema ist und deshalb auch ein möglichst
breites Spektrum an Meinungen und Wissen mit eingebunden werden sollte, um
dieser Komplexität Rechnung zu tragen, und anderseits auch, weil Sozialpolitik fast
alle Bereiche der Gesellschaft direkt oder indirekt beeinflusst. Dennoch ist Partizipation zu grundlegenden Fragen der Sozialpolitikentwicklung bisher Neuland. Bisher besteht Partizipation in der Sozialpolitik größtenteils aus institutionalisierter
Kooperation („Sozialpartnerschaft") zwischen Politik und sozialpolitischen Institu-

---

[8] Opielka 2019.

[9] Das DIW begleitete den Prozess des Zukunftslabors von Anfang an, um angesichts der
Komplexität der Fragestellung stets die empirische Datenlage für die Simulationen zu be-
rücksichtigen. Die Berechnungen zur Vorbereitung der Folgenabschätzung liegen vor. Ihre
Veröffentlichung wurde jedoch seitens des federführenden Sozialministeriums untersagt,
auch wenn sich das angerufene Landgericht Flensburg weigerte, die einstweilige Verfügung auf diese Berechnungen auszudehnen: https://www.isoe.org/aktuelles/news/was-
kostet-die-zukunft-der-sozialen-sicherung-diw-hat-vorarbeiten-zur-folgenabschaetzung-
im-zukunftslabor-vorgelegt/

[10] Sofern es nicht durch den Rechtsweg wieder fortgeführt wird. Auf der Projekthomepage
wird auf den schwebenden Zustand hingewiesen: https://www.isoe.org/projekte/lau-
fende-projekte/zukunftslabor-schleswig-holstein-wissenschaftliche-koordination/

tionen, wie beispielsweise der Deutschen Rentenversicherung oder den Gesetzlichen Krankenkassen, Gewerkschaften, Arbeitgeberverbänden und Fachorganisationen. Eine weiter reichende Kooperation, die über diesen klassischen Korporatismus hinausgeht, ist selten. Deshalb war es dem ISÖ wichtig Methoden anzuwenden, die alle relevanten Stakeholder in das Zukunftslabor einbeziehen: Politik, Institutionen, Verbände und Bevölkerung. Durch den Beirat und die IMAG wurde bereits ein Teil dieser Stakeholder-Gruppen am Zukunftslabor beteiligt. Das ISÖ wollte weiteren Expertenkreisen, aber auch der interessierten Bevölkerung, die Möglichkeit geben am Projekt teilzunehmen. Dies sollte nicht erst am Ende des Projekts geschehen, wenn ein „Experten"-Zukunftslabor seine Ergebnisse der staunenden Öffentlichkeit präsentiert. Vielmehr war von Anfang an geplant, relevante Stakeholder durch „Zukunftsworkshops" partizipativ einzubinden, das ISÖ bezog sich bereits in seinem Angebot[11] ausdrücklich auf die positiven Erfahrungen im Vorläuferprojekt „Zukunftsszenario Altenhilfe Schleswig-Holstein 2030/2045"[12]. Im Zukunftslabor sollten Zukunftsworkshops im ersten Projektjahr die Entwicklung von „Zukunftsszenarien" und „Reformszenarien" unterstützen. Die Einbeziehung hoher Ministerialvertreter erschwerte die Terminplanung jedoch erheblich, zudem stellten sich recht bald unterschiedliche Vorstellungen zum Thema Partizipation heraus. Abbildung 1 zeigt, wie die als Ersatz für nicht durchführbare Zukunftsworkshops geplante Delphi-Befragung im Projektablauf platziert wurde.

Auch seitens des federführenden Sozialministeriums wurde der Wunsch nach einem verstärkten Einbezug der Bevölkerung geäußert. Sowohl Zukunfts- wie Reformszenarien sollten hinsichtlich ihrer Wahrscheinlichkeit und wie ihrer Wünschbarkeit bewertet werden. Eine repräsentative Bevölkerungsumfrage war weder vorgesehen noch finanziell möglich. Doch das gewichtigste Problem war die Komplexität des Themengebiets. Sozialpolitik ist äußerst komplex und wird von vielen verschiedenen politischen und gesellschaftlichen Rahmenbedingungen beeinflusst.

---

[11] Dazu Opielka 2019a.
[12] Opielka/Peter 2018.

ISÖ
Institut für
Sozialökologie

Ohne entsprechendes Wissen fällt es Befragten schwer einzuschätzen, wie wahrscheinlich verschiedene Zukunfts- oder Reformszenarien sind. Es gibt zudem kein festgelegtes Maß, wer als ExpertIn gilt bzw. welches Wissen eine Person dafür qualifiziert ihre Meinung und Wissen in ein solches Zukunftslabor miteinzubringen. Das Forschungsfeld betrifft wiederum die gesamte Bevölkerung.

Abbildung 1: Einbettung der Delphi-Befragung im Projekt Zukunftslabor

Projektzeitplan ZLabSH

Dezember 2018 bis April 2019
Literaturstudie Demographie und Digitalisierung

Mai bis September 2019
Entwicklung Zukunftsszenarien und Reformszenarien, Erfahrungsstudie

Oktober 2019 bis Mai 2020
Vertiefung Reformszenarien und Folgenabschätzung

11.9.2019 – 17.11.2019
Validierung, Exploration und Evaluation der Zukunfts- und Reformszenarien in der Delphi-Befragung

Juni bis Oktober 2020
Entwurf Abschlussbericht und Öffentliche Diskurse

November 2020 bis Januar 2021
Veröffentlichung Abschlussbericht und Zukunftskonferenz

Quelle: Eigene Darstellung

Vor diesem Hintergrund entschied sich das ISÖ *für eine Fluidität des Expertenstatus*. Wir leben in einer Wissensgesellschaft und das Bildungsniveau in den modernen Industriestaaten ist so hoch wie noch nie. Demokratie benötigt Partizipation durch die Bevölkerung und man kann in diesem Zusammenhang heuristisch annehmen, dass jede wahlberechtigte Person über ausreichend Wissen verfügt, um an den demokratischen Prozessen teilzunehmen und die daraus entstehenden politischen Reformen zumindest grundlegend einzuschätzen. Zwar wurden gezielt über entsprechende Fachverteiler und Einzelansprache ausgewiesene Sozial- und Arbeitsmarktpolitik-ExpertInnen zur Partizipation motiviert, generell sollte aber jede Person die Möglichkeit haben an diesem Prozess teilzunehmen. Das Ideal ist damit eine Art „Wissensdemokratie".

Daraus ergaben sich zwei Grundprobleme, einerseits die hohe Komplexität des Themengebiets und andererseits die Repräsentativität. Deshalb entschied sich das ISÖ zu einer Kombination verschiedener Methoden („Methodentriangulation"). Den Kern der Delphi-Befragung bildete ein zweistufiges Online-Delphi. Die Befragten sollten im ersten Schritt sowohl Zukunfts- als auch Reformszenarien danach bewerten, für wie wahrscheinlich und für wie wünschenswert sie diese halten. Dabei gab es die Möglichkeit die Szenarien im Gesamten, aber auch in einzelnen Teilbereichen zu bewerten, Anmerkungen zu hinterlassen und selbst neue Szenarien aus den vorgegebenen Indikatoren zu kombinieren. So konnten Befragte mit höherem Wissenstand genauer auf verschiedene Aspekte der Szenarien eingehen und sie nicht nur im Allgemeinen bewerten. In der zweiten Phase wurden den Befragten die Ergebnisse der ersten Delphi-Welle präsentiert und vertiefte inhaltliche Fragen gestellt, die es dem ISÖ ermöglichen sollten, die Szenarien weiter auszuarbeiten und zu verbessern. Anschließend wurden repräsentative Studien wie das „European Social Survey" (ESS) dazu genutzt, die Ergebnisse einzuschätzen.[13]

Ganz im Gegensatz zu den Annahmen im Bericht der Landesregierung an den Landtag ging es bei der Delphi-Erhebung nicht um Repräsentativität. Dafür sind Delphi-Befragungen weder im Allgemeinen noch in diesem Fall gedacht. Vielmehr diente sie als Grundlage für drei verschiedene methodische Ziele. Diese Konzeption wurde seitens des ISÖ auch mit den entsprechenden Stakeholdern kommuniziert. Im ersten Schritt sollte das Online-Delphi der *Validierung* der Inhalte der Zukunfts- und Reformszenarien dienen. Sind sie inhaltlich plausibel, verständlich und konsistent? Das ExpertInnenwissen sollte genutzt werden, diese Fragen auf wissenschaftlich-logischem Niveau zu beantworten. Aber auch für die Bevölkerung müssen entsprechende Inhalte verständlich dargestellt und deren Auswirkungen ersichtlich sein. Zweitens dient das Online-Delphi der *Exploration* des Feldes. Wurden alle wichtigen Bereiche angesprochen oder gibt es Bereiche und Gesichtspunkte, die bisher nicht

---

[13] Zum Gesamtüberblick über die hier diskutierten Methoden und insbesondere die Triangulation mit Repräsentativdaten siehe ausführlich Opielka/Peter 2020.

in die Überlegungen eingeflossen sind, aber wichtig wären? Hierfür eignet sich wiederum das Wissen von ExpertInnen, aber auch der allgemeinen Bevölkerung. Drittens geht es um die *Evaluation* der bisher erarbeiteten Ergebnisse. Wie schätzen die befragten ExpertInnen die verschiedenen Szenarien ein, wie wahrscheinlich und wünschenswert sind diese? Die offene Konzeption des „Experten"-Status und insbesondere die auch durch den Auftraggeber angeregte Befragung von Studierenden ließ eine recht breite, wenngleich natürlich nicht repräsentative Befragung erwarten.

Um möglichst viele ExpertInnen zu erreichen wurde die Befragung in verschiedenen sozialwissenschaftlichen E-Mail-Verteilern und über den Newsletter des ISÖ beworben. Das Delphi wurde zudem als Real-Time-Delphi zunächst auf einem Zukunftsworkshop mit VertreterInnen aus Beirat und IMAG im Sozialministerium in Kiel und anschließend mit Studierenden der Ernst-Abbe-Hochschule in Jena sowie der Fachhochschule Kiel durchgeführt. Zwar stellten diese Studierenden keine sozialpolitischen ExpertInnen im üblichen Sinn dar. Da davon ausgegangen werden konnte, dass sie einerseits an Sozialpolitik interessiert sind und andererseits über überdurchschnittliches Wissen in diesem Bereich verfügen, bildeten sie geradezu idealtypisch den fluiden Expertenstatus der Sozialpolitik ab.

Nach Beendigung der Erhebungsverfahren und der Analyse der Daten wurde seitens der Landesregierung heftige Kritik geäußert. Mangelnde Repräsentativität und „Unwissenschaftlichkeit" waren die Hauptargumente im Bericht der Landesregierung vom 23.4.2020 an den Landtag von Schleswig-Holstein. Das federführende Sozialministerium bemängelte darin, dass „das Ziel einer breiten Legitimationsbasis letztlich jedoch nur in begrenztem Umfang erreicht wurde, da die Beteiligung trotz des Werbens über verschiedene Verteiler und Institutionen auf einem eher niedrigen Niveau blieb"[14]. Weiterhin wurde die Beschaffenheit der Stichprobe und

---

[14] Schleswig-Holsteinischer Landtag 2020, S. 6.

die daraus folgende mangelnde Repräsentativität kritisiert: „Ein Großteil der Befragten gab bei der Delphi-Befragung an, dass sie die Zukunftsszenarien 1 und 3 für weniger wünschenswert, aber eher wahrscheinlich halten und die Zukunftsszenarien 2 und 4 für eher wünschenswert, aber weniger wahrscheinlich. *Das ursprüngliche Ziel der Repräsentativität* konnte mit dem Instrument der Delphi-Befragung nicht erreicht werden: Der Großteil der befragten Personen war demnach sehr jung (mehrheitlich unter 30 Jahren) und sehr gebildet (mehrheitlich Abitur oder höher). Dies erklärt sich durch die überwiegende Teilnahme von Studierenden, die gezielt durch entsprechende Veranstaltung mit dem Anreiz eines Leistungsnachweises angesprochen wurden. Dadurch ließen sich keine repräsentativen Aussagen in Zusammenhang mit der gesamten Bevölkerung treffen."[15] Freilich existierte das hier vermutete bzw. behauptete „ursprüngliche Ziel der Repräsentativität" nie. Eine repräsentative Bevölkerungsbefragung war im Zukunftslabor nicht ausgeschrieben, vorgesehen und finanziert. Sie wäre bei einem solch komplexen Thema auch nicht möglich, wie wir bereits darlegten.[16]

Zum zentralen Kritikpunkt der Landesregierung wird die mangelnde Partizipation bzw. die Unklarheit der methodischen Werkzeuge und deren Einsatz durch das ISÖ stilisiert: „Insgesamt bleibt auch das Ergebnis der Partizipation der maßgeblichen Akteure und der interessierten Öffentlichkeit an dem Projekt der Landesregierung deutlich hinter den Erwartungen zurück. Nach Einschätzung der Landesregierung beruhte die geringe Beteiligung dabei nicht auf mangelndem Interesse der Akteure und der Öffentlichkeit am Diskussionsprozess, sondern maßgeblich darauf, dass die Ziele und die Schritte zur ihrer Erreichung nicht klar und verständlich vermittelt werden konnten. Ein klares Verständnis der Ziele und Methoden ist jedoch die Voraussetzung für den persönlichen Einsatz in einem Beteiligungsprozess. Beson-

---

[15] Schleswig-Holsteinischer Landtag 2020, S. 27; Herv. TH/MO.
[16] ausführlicher dazu Opielka/Peter 2020.

ders deutlich wurde dies bei den Zukunftsszenarien und die in diesem Zusammen-hang durchgeführten verschiedenen Beteiligungsformate."[17] Diese Aussagen zeigen deutlich das Problem des mangelnden Verständnisses für sozialwissenschaftliche Methoden in Politik und Verwaltung und das daraus entstehende Spannungsverhältnis. Einerseits wurde völlig missachtet, dass eine Delphi-Befragung nicht das Ziel hat repräsentative Aussagen zu treffen. Andererseits wurde weiteren Methoden, die auf jene geforderte Repräsentativität abzielten, keinerlei Beachtung geschenkt. Das Delphi hatte ausdrücklich zum Ziel ExpertInnenwissen zu nutzen, um die erarbeiteten Szenarien inhaltlich zu überprüfen und basierend auf den gewonnenen Erkenntnissen weiter auszuarbeiten. Es bildete nur ein Element einer Kombination verschiedener Erhebungs- und Analyseinstrumente zur Erstellung der Zukunfts- und Reformszenarien. Während das Delphi darauf ausgelegt war, der hohen Komplexität des Themengebiets Rechnung zu tragen und eine Möglichkeit zur gezielten Kritik durch die TeilnehmerInnen der Befragung bieten sollte, sollte die Sekundär-Analyse repräsentativer Daten wesentliche inhaltliche Aspekte der Szenarien mit repräsentativen Einstellungen vergleichen. Dieser Vergleich wurde in der (bisher noch nicht öffentlich zugänglichen) Studie „Zukunftsszenarien und Reformszenarien"[18] vorgelegt. Die Vermittlung der Logik dieser methodischen Herangehensweise an „Nichtwissenschaftler" stellt eine außerordentliche Herausforderung für die Wissenschaft dar und verläuft in vielen Fällen, wie im ZLabSH, nicht ganz unproblematisch.

Auch in der Plenarsitzung des Schleswig-Holsteinischen Landtags vom 7. Mai 2020 zeigen sich Fehlverständnisse der Politik gegenüber wissenschaftlicher Methodik und deren Zielsetzung. In seiner Rede vor dem Landtag merkt der Minister für Soziales, Gesundheit, Jugend, Familie und Senioren Dr. Heiner Garg zutreffend an, dass „eine breite Öffentlichkeit und maßgebliche gesellschaftliche Akteurinnen und Akteure beteiligt worden sind, um die Entwicklung von Zukunftserwartungen und

---

[17] Schleswig-Holsteinischer Landtag 2020, S. 7.
[18] Opielka/Peter 2020.

Wünschen auf eine breite Legitimationsbasis zu stellen"[19]. Dann allerdings betont der Minister, dass „während des Prozesses in zunehmenden Maße Differenzen über das methodische Vorgehen aufgetreten sind"[20]. Doch es bleibt unklar, um welche „Differenzen" es sich handelt. Vor allem wird der Eindruck erweckt („zunehmend"), als hätten das ISÖ und seine Partner neue Methoden aus dem Hut gezaubert. Wer sich jedoch die Leistungsbeschreibung samt Konzept des ISÖ vor Projektbeginn anschaut[21], der wird keine Überraschung beobachten. Das ISÖ nutzte die Methoden, die vertraglich vereinbart wurden – mit einer Ausnahme: die Delphi-Erhebung kam dazu, sie war nicht vorgesehen. Aber ihre Nutzung hatte Gründe, auf die wir gleich noch eingehen.

Auch seitens der Opposition wurde in der genannten Plenarsitzung reichlich Kritik an der methodischen Ausgestaltung des Projekts geäußert. Die Landtagsabgeordnete Birte Pauls aus der oppositionellen SPD kritisierte: „Das aus der politischen Debatte outgesourcte Zukunftslabor fand bislang in Beiratssitzungen und in halböffentlichen Veranstaltungen und Onlineabfragen statt, die für viele nur sehr schwer nachzuvollziehen sind und die auch tatsächlich nur einen ganz kleinen Teil der Menschen erreichten. 150 und 123 waren es mal."[22] Während ein Teil dieser Aussagen wiederholt die mangelnde Repräsentativität und Legitimation durch die breite Öffentlichkeit betont, obwohl diese, wie bereits erwähnt, nicht vertraglich vorgesehen war, erkennt Frau Pauls zumindest die Problematik der enormen Komplexität und daraus entstehenden Nachvollziehbarkeit an. Wer sich die online verfügbaren, vom Offenen Kanal Schleswig-Holstein produzierten Videos der beiden öffentlichen Veranstaltungen im Mai und November 2019 anschaut, wird Frau Pauls dort nicht finden. Es ist besonders schwer etwas nachzuvollziehen, was man nicht mitbekommt.

---

[19] Schleswig-Holsteinischer Landtag 2020a, S. 6448.
[20] ebd., S. 6449.
[21] dokumentiert in Opielka 2019a, S. 13ff.
[22] ebd., S. 6449

Auch auf einen weiteren schon zuvor erwähnten Kritikpunkt geht Frau Pauls in ihrer Rede ein: „Die Abfragen sind aber bisher nur einem ganz kleinen elitären Teil der schleswig-holsteinischen Bevölkerung vorbehalten. Die Auftaktveranstaltung war nicht öffentlich angekündigt und bestand aus reinem Fachpublikum. In einer weiteren Runde wurden 100 Studierende gefragt. Mein Verstand sagt mir, dass Studierende eine andere Haltung zur sozialen Sicherung haben als Werftarbeiter oder Pflegepersonal, die 30 Jahre im Schichtdienst gearbeitet haben. Allerdings kann ich nicht erkennen, dass diese auch noch gefragt werden sollen. Die Rückläufer der Umfragen waren so gering, dass Sie sich gründlich blamieren werden, wenn Sie das Projekt tatsächlich auf die Bundesebene holen."[23] Wie bereits betont wurde das Delphi eben nicht dazu genutzt repräsentative Einstellungen und Bewertungen zu erfassen, sondern zur detaillierten Abfrage und Verbesserung der bisher erarbeiteten Szenarien. Hierfür galt es explizit Personen in die Befragung miteinzubeziehen, die aus Sicht des ISÖ, über das nötige Fachwissen und vor allem auch Motivation verfügen sich mit diesem komplexen Themenfeld auseinanderzusetzen und qualitative Rückmeldungen zu liefern. Wie Bertolt Brecht in seinem berühmten und zum Schulstoff gehörenden Gedicht „Fragen eines lesenden Arbeiters"[24] verdeutlicht, gibt es keinen Grund, Werftarbeitern oder Pflegepersonal im Allgemeinen abzusprechen, sich konzentriert einer einstündiger Befragung über die politischen und gesellschaftlichen Zusammenhänge umfangreicher Sozialreformen zu widmen. Es war keineswegs das Ziel des ISÖ bestimmte Personengruppen auszuschließen. Ganz im Gegenteil war die Delphi-Befragung öffentlich für jede Person aus ganz Deutschland zugänglich und wurde auch mit den zur Verfügung stehenden Mitteln bestmöglich beworben. Falsch ist die Behauptung, dass die Auftaktveranstaltung nicht öffentlich angekündigt war.

---

[23] ebd., S. 6449. Die Auftaktveranstaltung wurde durch das Sozialministerium beworben, die Beiräte, zu denen Frau Pauls zählt, wurden gebeten, sich an der Verbreitung der Einladung zu beteiligen, siehe: https://www.isoe.org/projekte/veranstaltungen/auftaktveranstaltung-zukunftslabor-schleswig-holstein-zlabsh-kiel-2-5-2019/

[24] https://de.wikipedia.org/wiki/Fragen_eines_lesenden_Arbeiters

ISÖ
Institut für
Sozialökologie

Auch während des Projektverlaufs gab es, insbesondere seitens der SPD, immer wieder Kritik am Zukunftslabor. Die häufig genannte Grundproblematik bezog sich dabei meist auf die politische Zusammensetzung der Koalitionspartner, die eine erfolgreiche Erarbeitung sinnvoller Reformvorschläge aus Sicht der SPD nahezu unmöglich mache. Auch während der Plenarsitzung wiederholte Frau Pauls diese Kritik: „Das Zukunftslabor wurde von Koalitionspartnern angekündigt, deren Haltungen zu den sozialen Sicherungssystemen sehr unterschiedlich sind. Die CDU möchte die Weiterentwicklung der bestehenden sozialen Sicherungssysteme. Wie wichtig diese sind, hat Herr Minister Garg eben deutlich gesagt. Teile der Grünen möchten ein bedingungsloses Grundeinkommen und Teile der FDP ein liberales Bürgergeld. Unterschiedlicher kann es kaum sein."[25] Diese sehr unterschiedlichen Standpunkte waren auch dem ISÖ bewusst. Auch deshalb entschied man sich für verschiedene methodische Herangehensweisen, die im Verlauf des Projekts weiter verbessert wurden. Ursprünglich war es geplant die Szenarien in Zusammenarbeit mit den Stakeholdern in einem oder mehreren Zukunftsworkshops über eine morphologische Matrix zu entwickeln, bei der die Befragten verschiedene Faktoren bewerten und kommentieren konnten. Diese Einschätzungen sollten ausgewertet werden und anschließend daraus verschiedene Zukunftsszenarien entwickelt werden.[26] So sollten politisch vorgegebene Szenarien vermieden und durch die Zusammensetzung verschiedener Indikatoren politisch möglichst neutrale Szenarien entwickelt werden.

Leider verhinderten Terminfindungsprobleme der Ministerialvertreter die Durchführung der vorgesehenen Zukunftsworkshops. Der Einsatz der Morphologischen Matrix zur Entwicklung der Zukunftsszenarien wurde daher in einem Pretest auf elektronischem Weg versucht.[27] Es stellte sich allerdings heraus, dass sich viele der befragten engeren Stakeholder von der komplexen Thematik überfordert fühlten und

---

[25] ebd., S. 6449.
[26] Ehmann/Opielka/Peter 2019.
[27] ausführlich dazu Opielka/Peter 2020.

ISÖ
Institut für
Sozialökologie

die vorgegebenen Elemente aus ihrer Sicht inhaltlich oft nicht konsistent und nachvollziehbar waren. Deshalb versuchte das ISÖ nach Abschluss des Pretests die Zusammensetzung der Szenarien weniger von den Ergebnissen und Einschätzungen der Stakeholder über die morphologische Matrix abhängig zu machen und den Fokus auf die bisherigen wissenschaftlichen Erkenntnisse zu legen.

Die Grundlage für die Rahmung sowohl der Zukunfts- wie der Reformszenarien bildete die in der vergleichenden Sozialpolitikforschung führende Wohlfahrtsregimetheorie von Esping-Andersen[28] und deren Erweiterung durch Opielka[29]. Dieser politisch-soziologische Ansatz rahmt auf empirischer Grundlage die Wohlfahrtssysteme nach vier Grundtypen „liberal", „sozialdemokratisch", „konservativ" und „garantistisch", ohne jedoch theorieimmanent eine Wertung dieser politischen und institutionellen Orientierungen vorzunehmen. Sie versucht über die Bereitstellung von vier Idealtypen einen Rahmen für vier grundsätzlich verschiedene politische Deutungen der Sozialpolitik zu liefern. Die in der Realität existierenden Formen verschiedener sozialpolitischer Systeme sind immer Mischformen dieser Idealtypen; sie orientieren sich zwar an einem dieser vier Grundtypen, enthalten jedoch stets Bestandteile der anderen. Das exemplarische Beispiel dafür ist das „liberale" Wohlfahrtsregime in Großbritannien, das zugleich ein „sozialistisches" Gesundheitssystem (National Health Service) besitzt.

An dieser Theorie orientiert wurden jeweils vier Zukunfts- und Reformszenarien entwickelt. Hierdurch sollten die Szenarien inhaltlich konsistenter und für die Befragten verständlicher werden. Dabei wurde darauf geachtet die Szenarien möglichst objektiv und wertfrei darzustellen. Die Delphi-Befragung war auch zur Vermeidung der Wertung durch die ForscherInnen des ISÖ hilfreich. Durch die Anmerkungen der Befragten sollte eine mögliche Beeinflussung der Zukunftsszenarien durch eventuelle politische Einstellungen im ISÖ-Team vermieden werden, um so möglichst objektive und neutrale Szenarien zu entwickeln. Das ISÖ hat damit sehr früh versucht

---

28   Esping-Andersen 1990.
29   Opielka 2008.

ISÖ
Institut für
Sozialökologie

die (nicht nur) seitens der SPD geäußerte Kritik der Problematik unterschiedlicher politischer Meinungen innerhalb der Koalition und der beteiligten Forscher zu minimieren und das gesamte Spektrum möglicher soziapolitischer Maßnahmen in das Projekt einzubringen.

In diesem Bericht sollen die Durchführung und Ergebnisse dieser Delphi-Befragung dargestellt und kritisch diskutiert werden, insbesondere im Hinblick auf den Nutzen dieser Methode für sozialpolitische Fragen und welche Herausforderungen dabei zu beachten sind. Parallel soll ein kritischer Blick auf die öffentlichen Vorwürfe der Landesregierung gerichtet werden.

2 Delphi im Zukunftslabor

2.1 Delphi-Befragung Allgemein

Die Delphi-Befragung ist ein systematisches, mehrstufiges Befragungsverfahren mit Rückkopplung an die Befragten. Sie ist eine Forschungsmethode, die dazu dient, zukünftige Ereignisse, Trends, politische oder technische Entwicklungen bestmöglich einschätzen zu können.

Ursprünglich bezieht sich der Name der Delphi-Befragung auf das gleichnamige Orakel der griechischen Antike. Dieses Orakel befand sich in einem Tempel in der griechischen Stadt Delphi. Die Bewohner des antiken Griechenlands konnten sich an dieses Orakel wenden, um Rat bei ganz unterschiedlichen Fragen zu suchen. Dabei formulierten sie schriftlich eine Frage und übergaben sie an die Priesterin des Tempels. Anschließend musste der Ratsuchende ein Opfer erbringen und auf den Tag der Orakelgebung warten, an dem die Priesterin die Antwort des Orakels verkündete. Dieses Ritual gewann unter der gesamten griechischen Bevölkerung Anklang, wodurch die Stadt Delphi und deren Orakel über lange Zeit über großen sozialen und politischen Einfluss in Griechenland verfügte.[30]

In der zeitgenössischen Wissenschaft wurde die Delphi-Methode erstmals im militärischen Bereich in größerem Maße eingesetzt. Die RAND Corporation führte in den 1950er und 1960er Jahren 14 Experimente mithilfe der Delphi-Methode durch, deren Ergebnisse allerdings nie veröffentlicht wurden.[31] Die erste der Öffentlichkeit zugängliche Studie, die sich auf Ergebnisse einer Delphi-Befragung stützt, ist die Studie „Report on a Long Range Forecasting Study" von Gordon und Helmer aus dem Jahr 1964. Hierbei ging es um die Prognose wissenschaftlicher und technischer Entwicklung über die nächsten 15 Jahre. Seit den 1970er Jahren verbreitete

---

[30] Hädel 2014.
[31] Linstone/Turoff 1975, S. 10.

sich die Delphi-Methode insbesondere im Bereich der Betriebswirtschaft, fand aber auch in anderen Wissenschaftsfeldern zunehmend Beachtung. Die wohl bisher umfangreichste Delphi-Befragung startete 1971 in Japan. Das National Institute of Science and Technology (NISTEP) versuchte mit einer Panelstudie über einen Zeitraum von über 30 Jahren Prognosen zur Entwicklung im Bereich Wissenschaft und Technologie zu erstellen.[32] Insbesondere durch die neuen Möglichkeiten der Digitalisierung, wie der elektronischen Datenerfassung und Online-Befragungen, erfreut sich die Delphi-Methode wieder größerer Beliebtheit.[33]

Heutige Delphi-Befragungen zielen darauf ab, das Wissen verschiedener ExpertInnen auf eine möglichst zuverlässige und übersichtliche Vorausschau zu den Herausforderungen und Folgen von Wissenschaft, Politik und Technik zu vereinen.[34] Das Design der klassischen Delphi-Befragung besteht aus mindestens zwei zeitlich aufeinanderfolgenden Befragungswellen. Die Ergebnisse der jeweils vorangegangenen Welle werden den Mitgliedern derselben ExpertInnengruppe in einer weiteren Befragungswelle zurückgemeldet. Die Befragung erfolgt anonym und (heute) in der Regel online. Im Gegensatz zu Bevölkerungs-Umfragen zielt die Auswahl der ExpertInnen nicht auf Repräsentativität, sondern auf Fachkompetenz und Kooperationsbereitschaft. Delphi-Befragung haben also im Gegensatz zu herkömmlichen repräsentativen Befragungen einen diskursiven Charakter. Es geht nicht um eine Erfassung von Meinungen und Einstellungen zu bestimmten Themengebieten, sondern viel mehr um die Erfassung qualitativer Kritik und die gemeinsame Diskussion eines spezifischen und hochkomplexen Bereichs, um diesen möglichst genau auszuarbeiten und Lösungen für schwer zugängliche Problemfelder zu erlangen. Dieser diskursive Charakter wird auch durch die erneute Präsentation der Ergebnisse und Überarbeitungen sowie der wiederholten Befragung der Personen unterstrichen.

---

[32] Häder 2014.
[33] Cuhls/Kimpeler/Oertzen 2007, S. 14.
[34] Niederberger/Renn 2019.

ISÖ
Institut für
Sozialökologie

Das ISÖ hat zudem unter Nutzung des Programms „Mentimeter"[35] Delphi-Befragungen in Echtzeit, ein sogenanntes „Real-Time-Delphi", entwickelt. Dieses Real-Time-Delphi wurde im Verlauf des Zukunftslabors bei zwei Zukunftsworkshops eingesetzt. Im Zukunftsworkshop im Sozialministerium im September 2019 diente es als Grundlage für Diskussionen mit den TeilnehmerInnen und als Pre-Test der späteren Online-Durchführung.[36] Die TeilnehmerInnen gaben mithilfe ihres Smartphones auf der Internetseite bzw. der App von „Mentimeter" an, wie wünschenswert und wie wahrscheinlich die verschiedenen Szenarien aus ihrer Sicht sind. Anschließend wurden die Ergebnisse präsentiert, im Zukunftsworkshop diskutiert und vertiefte inhaltliche Anmerkungen gemacht. Ein weiteres methodisches Element des Real-Time-Delphi war ein „World-Café" (siehe Abbildung 2). Dabei wurden die Teilnehmer in vier Gruppen aufgeteilt, die im Laufe des Zukunftsworkshops vier Stationen besuchten, in denen die vier Zukunftsszenarien detailliert besprochen und diskutiert wurden. Anschließend wurden in einer etwas abgewandelten Form die Reformszenarien besprochen. Statt durch die vier Stationen zu rotieren wie zuvor sollten die TeilnehmerInnen sich für ein Reformszenario entscheiden. Die TeilnehmerInnen wurden aufgefordert sich für das von ihnen am wenigsten favorisierte Szenario zu entscheiden und bei der entsprechenden Station zusammenzufinden. Dies sollte eine möglichst aktive Teilnahme aller Personen und ausführliche Diskussion der Reformszenarien fördern. Dieses Vorgehen simulierte das Online-Delphi in einem Real-Time-Setting und hatte gemeinsam mit der zuvor durchgeführten Bewertung über Mentimeter die grundsätzlichen Ziele der Validierung, Exploration und Evaluation. Anschließend wurden die Szenarien darauf basierend überarbeitet und in das Online-Delphi übertragen. Die Durchführung des Delphi in einem Real-Time-Setting macht aber auch den enormen Zeitaufwand hinter dieser Erhebungsmethode deut

---

[35] https://www.mentimeter.com

[36] Das Real-Time-Delphi kam im Rahmen des Zukunftsworkshops am 13.9.2019 im Sozialministerium Kiel zum Einsatz, der Workshop ist online dokumentiert: https://www.isoe.org/projekte/veranstaltungen/zukunftsworkshop-im-zukunftslabor-schleswig-holstein-zlabsh-kiel-13-9-2019/

lich. Eine Reduzierung dieses Aufwands, ohne dabei zu viel Komplexität zu reduzieren und die Ergebnisse der Befragung zu trivialisieren ist die zentrale Herausforderung bei der Konzeption einer Online-Delphi-Befragung.

Abbildung 2: Real-Time-Delphi Zukunftsworkshop Sozialministerium Kiel

Quelle: https://www.isoe.org/projekte/veranstaltungen/zukunftsworkshop-im-zukunftslabor-
schleswig-holstein-zlabsh-kiel-13-9-2019/

Im Zuge des zweiten Zukunftsworkshops, am Ende der Laufzeit des Online-Delphi an der Fachhochschule Kiel im November 2019, wurde die gesamte Delphi-Befragung mit den Studierenden durchgeführt.[37] Bereits im August 2019 wurde die Durchführung dieses Zukunftsworkshops als Element des Zukunftslabors geplant. Einerseits sollte dadurch die Öffentlichkeit über den aktuellen Verlauf des Projekts informiert werden und anderseits erhoffte man sich auch von den Studierenden hilfreichen qualitativen Input für die weitere Ausarbeitung der Szenarien. Nachdem jedoch im September 2019 die Durchführung der Delphi-Befragung geplant wurde

---

[37] Auch dieser Zukunftsworkshop wurde online dokumentiert: https://www.isoe.org/pro-jekte/veranstaltungen/zukunftsworkshop-im-zukunftslabor-schleswig-holstein-zlabsh-an-der-fh-kiel-4-11-2019/ Der Offene Kanal Schleswig-Holstein hat den Ablauf professionell auf Video aufgenommen, gesendet und für die Website des ISÖ zur Verfügung gestellt.

ISÖ
Institut für
Sozialökologie

und das Sozialministerium einen stärkeren Einbezug der schleswig-holsteinischen Bevölkerung wünschte, bot dieser Zukunftsworkshop eine gute Gelegenheit die Stichprobe der Delphi-Befragung zu erweitern und auch das Fachwissen der Studierenden für die Verbesserung der Zukunfts- und Reformszenarien zu nutzen. Im Gegensatz zu den Teilnehmern des Zukunftsworkshop im Sozialministerium führten die Studierenden die gesamte Online-Befragung durch. Es fand also keine Diskussion in Gruppen statt, sondern jeder Teilnehmer hatte eine Stunde Zeit die Befragung umzusetzen (siehe Abbildung 3). Nachdem die TeilnehmerInnen die Befragung abgeschlossen hatten, wurden die Ergebnisse analysiert und den Studierenden präsentiert sowie mit den bisher erhobenen Daten verglichen.

Abbildung 3: Real-Time-Delphi Zukunftsworkshop Fachhochschule Kiel

Quelle: https://www.isoe.org/projekte/veranstaltungen/zukunftsworkshop im zukunftclabor-schleswig-holstein-zlabsh-an-der-fh-kiel-4-11-2019/

Anschließend wurden wiederum über „Mentimeter" verschiedene Aspekte der Szenarien in „real-time" erhoben und mit den Studierenden im Rahmen einer öffentlich dokumentierten Podiumsdiskussion erörtert. Die Kombination aus Delphi, Menti-

ISÖ
Institut für
Sozialökologie

meter und der Diskussion im Zukunftsworkshop bietet eine interaktive und interessante Möglichkeit, auch hochkomplexe Forschungsfragen zu diskutieren und weiter zu vertiefen. Darüber hinaus lassen sich hierbei auch weitere Erhebungs- und Analysemethoden einbinden. Die Delphi-Befragung stellt eine sehr gute unterstützende Funktion bei der Bearbeitung komplexer Forschungsfragen dar, sollte allerdings auch als das aufgefasst werden was sie ist: Eine Erhebungsmethode zur qualitativen inhaltlichen Kritik, nicht zur Erfassung repräsentativer Meinungen.

Die Delphi-Befragung „Zukunftsszenarien und Reformszenarien" fand im Rahmen des „Zukunftslabor Schleswig-Holstein" statt. Sie richtete sich an ExpertInnen der Sozialpolitik und der Arbeitsmarktpolitik und an interessierte BürgerInnen. Entlang von einerseits vier Zukunftsszenarien zum Zusammenhang von Demographie, Digitalisierung und Sozialpolitik und andererseits von vier Reformszenarien für eine langfristige und nachhaltige Sozialreform wurde die Expertise der Befragten genutzt. Das Delphi wurde zweistufig angelegt. Nachdem die erste Befragungsstufe abgeschlossen und ausgewertet wurde, wurden den TeilnehmerInnen des Delphi die Ergebnisse in einer zweiten Stufe mitgeteilt und sie wurden um ihre Einschätzung gebeten. Der Ablauf des Online-Delphi im Zukunftslabor wird im folgenden Kapitel genauer beschrieben.

2.2   Datenerhebung

Für die Ausarbeitung und Verbesserung der Zukunfts- und Reformszenarien im Zu-kunftslabor wurde die Methode des Online-Delphi genutzt. Zur Umsetzung wurde auf das Fragebogentool von *„SoSci Survey"*[38] zurückgegriffen und eine umfangrei-che Online-Erhebung erstellt, die in zwei Phasen unterteilt wurde.

In der ersten Befragungswelle wurden zwei Optionen vorgesehen: eine Kurzfas-sung und eine ausführliche Bewertung. Zunächst wurden für beide Optionen we-nige sozio-demographische Daten abgefragt, damit die Ergebnisse eingeordnet werden können. Danach wurden die vier Zukunftsszenarien jeweils als vollständi-ger Text vorgestellt. Die Bewertung erfolgte in der gesamten Befragung folgender-maßen: Die TeilnehmerInnen wurden gefragt, für wie wahrscheinlich sie das jewei-lige Szenario – und bei der vertieften Befragung: das jeweilige Element – und da-nach, für wie wünschenswert sie es halten. Anschließend konnten sie aus ihrer Ex-pertise noch eine (kritische) Anmerkung zum jeweiligen Befragungspunkt machen, möglicherweise hatten sie ergänzende Informationen oder Datenzugänge. Das gleiche Verfahren galt auch für die vier Reformszenarien. Wenn die TeilnehmerIn-nen den ausführlichen Weg wählten, was für das Zukunftslabor natürlich sehr hilf-reich war, dann wurden sie am Ende des jeweiligen Durchgangs immer noch einmal zum Zukunfts- oder Reformszenario insgesamt befragt (exemplarisch Abbildung 4). Diese Wiederholung sollte darüber informieren, ob die vertiefte Auseinanderset-zung mit einem Szenario die eigene Einschätzung verändert. Am Ende der Befra-gung baten wir die TeilnehmerInnen in einem vom ersten Befragungsteil abgetrenn-ten Feld, damit Ihre Anonymität gesichert bleibt, um ihre Mailanschrift für die Betei-ligung an der zweiten Welle des Delphi.

---

38   www.soscisurvey.de

Abbildung 4: Delphi-Befragung Gesamtbewertung

Seite 20

[2206]

Zukunftsszenario 2 („Starker Sozialstaat")

[2205]

Demographie	**Erwerbspotenzial (Quantität)** Die deutsche Bevölkerung ist eher akademisch gebildet und führt ein langes, gesundes und gleichberechtigtes Leben mit eher niedrigem Renteneintrittsalter. Die Erwerbslosenquote ist durch hohe Frauenerwerbstätigkeit und aktive Arbeitsmarktpolitik niedrig. MigrantInnen werden aktiv in den Arbeitsmarkt integriert. **Lebens-/Wohnformen** In der Familie gibt es Unterstützung von Eltern zum Kind, andersrum wird es schwer. Mietpreisbremsen und sozialer Wohnungsbau senken die Wohnkosten. Auch Enteignungen werden diskutiert. **Migration** Zuwanderung wird wenig reguliert, deshalb kommen aus dem Ausland eher schlecht ausgebildete Erwachsene. Dörfer mit vorhandener Daseinsvorsorge stellen einen attraktiven Wohnraum dar. **Mortalität / Morbidität** Hohe Lebenserwartung im Alter. Durch technischen Fortschritt erkennt man schwerwiegende Erkrankungen schnell, die Bevölkerung profitiert insgesamt vom technischen Fortschritt im Gesundheitssystem. Insgesamt lebt man lange gesund, die Pflegequote im hohen Alter ist moderat. **Work-Family Balance** Gleichberechtigtes Leben. Obwohl Frauen und Männer Vollzeit arbeiten, steigt die Fertilitätsrate auf 2 Kinder pro Frau. Diversität und Inklusion werden vom Staat stark kontrolliert und gefördert.
Digitalisierung	**Erwerbseffekte** Die Künstliche Intelligenz sowie die Robotik übernehmen zunehmend Routinetätigkeiten für das produzierende Gewerbe und im Dienstleistungssektor. Die deutsche Bevölkerung profitiert über Wertschöpfungssteuern von der Produktivität der Roboter. Der Staat reguliert die Digitalwirtschaft und kooperiert eng mit Gewerkschaften. **Politische Steuerung** Firmen investieren in ihre digitale Ausstattung, weniger in ArbeitnehmerInnen. Der Staat übernimmt die Schutzfunktion und investiert in Innovationen für die zukünftige Arbeitssicherung. **Sozioökonomische Wirkungen** Der Staat verteilt durch Steuern auf hohe Einkommen, Vermögen und Erbschaften deutlich um. Dadurch verringert sich die Vermögensungleichheit. Allerdings herrscht Angst vor Kapitalabwanderung. Männer und Frauen werden jedoch immer noch unterschiedlich bezahlt. Der Staat investiert in die Bildung aller, um Chancengleichheit zu ermöglichen. **Sozio-technische Strukturveränderungen** Im klassischen Industriebereich führt die Digitalisierung zum Stellenabbau. Dagegen große Produktivitätszuwächse im Kommunikationssektor. Im staatlichen Bereich entstehen mehr Arbeitsplätze (Verschiebung von Markt zu staatlich organisierter Arbeit).
Sozialstaat	**Dekommodifizierung / Arbeitsmarktbezug** Alle BürgerInnen sind auf gleichem Niveau LeistungsbezieherInnen, es gibt keine Sanktionierungen. Im Zentrum der Sozialpolitik steht die Sicherung von Arbeitsplätzen. **Finanzierungsstruktur** Soziale Sicherung wird vermehrt durch Steuern finanziert. Dadurch öffnet sich ein größerer Topf für Sozialausgaben, aber Investitionen in anderen Bereichen (Infrastruktur, Digitalisierung, Bildung) werden geringer und umkämpft. Der Bundeszuschuss zur gesetzlichen Rentenversicherung steigt. **Leistungsumfang** Das Rentenniveau bleibt konstant, während das Renteneintrittsalter nicht angehoben wird. Geldleistungen dominieren Sachleistungen. Gesetzliche und betriebliche Rente sichern den Lebensstandard. **Performance des Sozialstaats** Deutschland hat einen starken Sozialstaat mit hoher Steuerungs-Leistung. Es herrscht hohe Transparenz und Effizienz. **Solidaritätsfunktion (intergenerational)** Dank Automatisierung und Robotik sinkt die finanzielle Belastung der Erwerbstätigen für die Soziale Sicherung. Dadurch kann die Lebensarbeitszeit möglicherweise sogar verkürzt werden. Man hat Zeit für das Ehrenamt im dritten Lebensabschnitt. **Stratifikation (Korporatismus)** Es herrscht Leistungsgleichheit zwischen den Berufsständen, da alle in einen Topf einzahlen. Die gesamte Bevölkerung profitiert durch ein hohes Niveau öffentlicher Leistungen. **Umverteilung** Die Beitragsbemessungsgrenze wird sehr stark angehoben. Umverteilung ist der Politik wichtig.

Für wie wahrscheinlich halten Sie das vorliegende Szenario?

[2301]

○	○	○	○	○		○
sehr unwahrscheinlich	unwahrscheinlich	neutral	wahrscheinlich	sehr wahrscheinlich		keine Angabe

Für wie wünschenswert halten Sie das vorliegende Szenario?

[2302]

○	○	○	○	○		○
gar nicht wünschenswert	weniger wünschenswert	neutral	wünschenswert	sehr wünschenswert		keine Angabe

Anmerkungen/Kritik

[2203]

Quelle: Auszug aus Delphi-Befragung in SosciSurvey (Gesamtbewertung)

ISÖ
Institut für
Sozialökologie

Abbildung 5: Delphi-Befragung Detailbewertung

Seite 23

Zukunftsszenario 2 („Starker Sozialstaat") [D271]

2.3 Migration Zuwanderung wird wenig reguliert, deshalb kommen aus dem Ausland eher schlecht ausgebildete [D206] Erwachsene. Dörfer mit vorhandener Daseinsvorsorge stellen einen attraktiven Wohnraum dar.

Für wie wahrscheinlich halten Sie diese Entwicklung? [D221]

  ○   ○   ○   ○   ○   ○
sehr   unwahrscheinlich   neutral   wahrscheinlich   sehr   keine Angabe
unwahrscheinlich   wahrscheinlich

Für wie wünschenswert halten Sie diese Entwicklung? [D251]

  ○   ○   ○   ○   ○   ○
gar nicht   weniger   neutral   wünschenswert   sehr   keine Angabe
wünschenswert wünschenswert   wünschenswert

Anmerkungen/Kritik [D266]

Seite 24

Zukunftsszenario 2 („Starker Sozialstaat") [D271]

2.4 Mortalität / Morbidität Hohe Lebenserwartung im Alter. Durch technischen Fortschritt erkennt man [D207] schwerwiegende Erkrankungen schnell, die Bevölkerung profitiert insgesamt vom technischen Fortschritt im Gesundheitssystem. Insgesamt lebt man lange gesund, die Pflegequote im hohen Alter ist moderat.

Für wie wahrscheinlich halten Sie diese Entwicklung? [D222]

  ○   ○   ○   ○   ○   ○
sehr   unwahrscheinlich   neutral   wahrscheinlich   sehr   keine Angabe
unwahrscheinlich   wahrscheinlich

Für wie wünschenswert halten Sie diese Entwicklung? [D250]

  ○   ○   ○   ○   ○   ○
gar nicht   weniger   neutral   wünschenswert   sehr   keine Angabe
wünschenswert wünschenswert   wünschenswert

Anmerkungen/Kritik [D253]

Quelle: Auszug aus Delphi-Befragung in SosciSurvey (Detailbewertung)

Die Kurzfassung dieser Befragung nahm etwa 15-20 Minuten der Zeit der Befragten in Anspruch. Die ausführliche Fassung benötigte etwa 45-60 Minuten Zeit, in einigen Fällen auch etwas länger, je nachdem, wie detailliert die Anmerkungen der befragten Person waren (siehe Abbildung 5). Aufgrund des verhältnismäßig hohen

ISÖ
Institut für
Sozialökologie

Zeitaufwands konnte die Befragung auf Wunsch jederzeit pausiert und zu einem späteren Zeitpunkt fortgesetzt werden. Dies sollte einen positiven Effekt auf die Teilnahmebereitschaft bewirken und möglichst viele Abbrüche verhindern.

Die erste Welle der Delphi-Befragung startete am 11.9.2019. Im ersten Schritt wurde die Befragung an Mitglieder des Beirates und der IMAG verschickt, da sie die zentralen Stakeholder des Zukunftslabors sind. Verbände wie die Sektion Sozialpolitik der Deutschen Gesellschaft für Soziologie, die Gesellschaft für Versicherungsgestaltung und Forschung (GVG) oder der Verein für Sozialpolitik wurden über Mailverteiler in den Expertenkreis miteinbezogen. Auch die gezielte Nutzung von weiteren Verteilern der Forschung und Beratung im Bereich Arbeitsmarkt und Sozialpolitik bot vielversprechende Möglichkeiten zur Ausweitung des Befragtenkreises. Weiterhin wurde die Befragung mit Studierenden des Fachbereichs Soziale Arbeit der Ernst-Abbe-Hochschule und Studierenden verschiedenster Studiengänge an der Fachhochschule Kiel durchgeführt. Nach der ersten Phase der Delphi-Befragung wurden die Szenarien inhaltlich verbessert und erweitert.

Der erste Teil der ersten Welle der Delphi-Befragung war der Bewertung der Zukunftsszenarien gewidmet. Dabei sollten vorerst die vier entworfenen Szenarien aufmerksam gelesen werden. Anschließend sollten die aggregierten Szenarien im Allgemeinen bewertet werden, ohne einen direkten Fokus auf einzelne Aspekte. Über eine 6-stufige Skala sollte bewertet werden, für wie wahrscheinlich die Befragte/der Befragte das Eintreten des jeweiligen Szenarios hält und für wie wünschenswert diese zukünftige Entwicklung eingeschätzt wird. Die Bewertungsskala umfasste die Ausprägungen „sehr wahrscheinlich", „wahrscheinlich, „neutral", „unwahrscheinlich" und „sehr unwahrscheinlich". Zudem war die Antwortkategorie „keine Angabe/keine Meinung" gegeben. Dies sollte einerseits verhindern, dass Personen ohne eine Meinung zum befragten Szenario oder Personen, die aufgrund der Komplexität Probleme mit der Verständlichkeit einzelner Ausprägungen haben, sich selbst in die Kategorie „neutral" einordnen, was zu Verzerrungen der Ergebnisse führen könnte. Dies spielte vor allem im nächsten Schritt der Erhebung eine wichtige Rolle.

Nun wurden die TeilnehmerInnen gefragt, ob sie bereit sind, etwas mehr Zeit – hier war mit ca. 20 Minuten zusätzlich zu rechnen – zu investieren. Falls nein, dann wurden sie zum nächsten Fragenblock „Reformszenarien" geleitet. Falls ja, dann wurden sie eingeladen, ein detaillierteres Bild der einzelnen Ausprägungen und Indikatoren zu geben. Sie wurden dann gebeten, die Zukunftsszenarien im zweiten Schritt ihrer Bewertung gesondert für jedes dieser vier Szenarien einzuschätzen. Zur Bewertung der Teilbereiche wurde dieselbe Skala wie im ersten Schritt der Szenariobewertung verwendet. Hier zahlte sich die Nutzung der sechsten Antwortkategorie „keine Angabe" besonders aus, da Personen mit unterschiedlichem Wissens- und Berufshintergrund zu manchen Bereichen mangels vorhandenen Wissens keine direkte Einschätzung tätigen wollten oder konnten und mit der neutralen Kategorie eine Verzerrung der Ergebnisse wahrscheinlich gewesen wäre. Im nächsten Schritt der detaillierten Bewertung der Zukunftsszenarien sollte noch einmal die aggregierte Version der jeweiligen Szenarien wie auch schon im ersten Schritt eingeschätzt werden. Durch diesen wiederholten Schritt der Bewertung der allgemeinen Szenarien konnte eine eventuelle Veränderung der Einschätzung durch die vertiefte Auseinandersetzung im zweiten Schritt erfasst werden. Dieser Schritt galt sinnvollerweise nur für die Delphi-TeilnehmerInnen, die die detaillierte Bewertung der Ausprägungen vorgenommen haben.

Der dritte Teilbereich der Delphi-Befragung sollte die Einschätzung zu den bisher entworfenen Reformszenarien erfassen. Der Ablauf erfolgte hierbei wie bei den Zukunftsszenarien. Im ersten Schritt wurden die vier Reformszenarien im Allgemeinen beurteilt, gefolgt von der Option einer detaillierteren Bewertung der einzelnen Teilaspekte der Reformszenarien 1 bis 4. Auch hier sollten die TeilnehmerInnen der detaillierten Bewertung im letzten Schritt erneut die aggregierte Form der Reform-szenarien beurteilt werden, um eine mögliche Veränderung durch die Bewertung der einzelnen Teilbereiche zu erfassen.

Im letzten Schritt der Delphi-Befragung wurden allgemeine sozio-demographische Merkmale erfasst. Hierzu zählen Herkunft, Geschlecht, Alter, Bildung und die Art der Erwerbstätigkeit der Befragten. Bei der Herkunft erfolgte die Erfassung Schles-wig-Holstein bzw. die Angabe eines anderen Bundeslandes, auch um im weiteren Verlauf der Befragung, vor allem bei den offenen Feldern, die Chance zu nutzen, spezifische Zukunftsinformationen zu Schleswig-Holstein zu erhalten.

Basierend auf den Ergebnissen der ersten Welle der Delphi-Befragung und den durch die Befragten geäußerten Anmerkungen und Kritiken wurden die Zukunfts-szenarien überarbeitet. Das Ergebnis der ersten Welle wurde als Grundlage für die zweite Welle genutzt. In der zweiten Delphi-Welle wurden den TeilnehmerInnen im ersten Schritt die Ergebnisse der ersten Welle präsentiert. Anschließend wurden ihnen vier zentrale Fragen zu diesen Ergebnissen gestellt:

- Zukunftsfrage 1: Wie interpretieren Sie dieses Spannungsverhältnis?
- Zukunftsfrage 2: Wo sehen Sie den wichtigsten Zusammenhang zwischen der demographischen Entwicklung und dem Sozialstaat?
- Zukunftsfrage 3: Wo sehen Sie den wichtigsten Zusammenhang zwischen der Digitalisierung und dem Sozialstaat?
- Alles in Allem, wenn Sie die vier Reformszenarien betrachten (Bürgergeld, Grundeinkommen, Grundsicherung, Bürgerversicherung): welches dieser Re-formszenarien gibt Ihrer Meinung nach die beste Antwort auf die drei Zu-kunftsfragen, die Sie gerade beantwortet haben, und warum?

Die Beantwortung dieser Fragen diente dem ISÖ-Team zur vertiefenden Auseinan-dersetzung mit den entwickelten Zukunfts- und Reformszenarien. Die verschiede-nen Blickwinkel der Befragten waren in der zweiten Welle deutlicher sichtbar und durch die Interpretation der Ergebnisse können die bisher behandelten Einflussfaktoren genauer eingeschätzt und bisher eventuell noch nicht angesprochene Aspekte mit einbezogen werden. Weiterhin wurden wie in der ersten Welle demographische Merkmale erfasst.

Da die Delphi-Methode aufgrund ihrer Komplexität und ihres Umfangs vorrangig für ExpertInnen mit gewissem Fachwissen entworfen worden ist, eignet sie sich nur bedingt für die Nutzung zur Erfassung der allgemeinen Einstellung der Bevölkerung. Daher wurden im weiteren Verlauf des Zukunftslabors Daten von repräsentativen Bevölkerungserhebungen wie beispielsweise dem ESS (European Social Survey) vertiefend herangezogen. Zudem wurden die Ergebnisse anderer wissenschaftlicher Studien zur Einschätzung der wahrscheinlichen und wünschenswerten Entwicklung der Zukunft einbezogen.

2.3 Ergebnisse

2.3.1 Welle 1

2.3.1.1 Stichprobe Welle 1

In Abbildung 6 wird die Zusammensetzung der Stichprobe der ersten Welle des On-line-Delphi unterteilt nach sozio-demographischen Merkmalen dargestellt. Diese beinhalten die Kategorien „Geschlecht", „Alter", „Bildung", „Beruf" und „Herkunft".

Abbildung 6: Sozio-demographische Merkmale des Online-Delphi Welle 1

Sozio-demographische Merkmale					
Geschlecht	männlich	weiblich	divers		
	116	117	1		
Alter	u30	30-40	40-50	50-60	60-70	70+
	184	29	3	8	8	1
Bildung	mittlere Reife	Abitur	Bachelor	Master/ Diplom	Promotion/ Habilitation	
	9	184	16	18	6	
Beruf	angestellte ArbeitnehmerIn	Beamter/ Beamtin	selbstständig	RentnerIn	SchülerIn/ Studierende	nicht erwerbstätig
	20	4	9	4	194	2
Herkunft	Baden-Württemberg	Bayern	Berlin	Hamburg	Mecklenburg-Vorpommern	Nieder-sachsen
	2	2	4	1	1	13
	Nordrhein-Westfalen	Sachsen	Sachsen-Anhalt	Schleswig-Holstein	Thüringen	
	7	3	1	132	68	
Stichprobe Schleswig-Holstein	Studierende	Andere				
	115	17				
Stichprobe andere Bun-desländer	Studierende	Andere				
	79	23				

Quelle: ISÖ-ZLabSH-Delphi-Welle-1, N=234

Insgesamt nahmen an der ersten Welle 234 Personen teil. Diese Fallzahl wird in den folgenden Abbildungen der Analyse genutzt. Da es in einzelnen Fällen vorkom-

ISÖ
Institut für
Sozialökologie

men kann, dass eine befragte Person nicht jede Frage zu allen Szenarien beantwortet hat, ist die Fallzahl in einigen Fällen etwas geringer als angegeben. Die niedrigste Fallzahl aller Szenarien beträgt 221. Durch die Durchführung des Online-Delphi an der Ernst-Abbe-Hochschule Jena und der Fachhochschule Kiel ergibt sich eine vergleichsweise junge und hoch gebildete Stichprobe, in Mehrheit aus den Bundesländern Thüringen und Schleswig-Holstein, auf die im Folgenden ein etwas genauerer Blick geworfen wird.

An der Befragung haben insgesamt 116 Männer und 117 Frauen teilgenommen. Eine Person gab ihr Geschlecht als „divers" an. Insgesamt haben 184 Personen als höchsten Bildungsabschluss Abitur angegeben, was durch die hohe Zahl an Studierenden im Bachelorstudium an den Hochschulen erklärt werden kann. 9 Personen haben die mittlere Reife, 16 einen Bachelor, 18 ein Master- oder Diplomabschluss und 6 Personen die Promotion bzw. Habilitation. Diese ungleiche Verteilung zeigt sich ebenfalls bei der Altersvariable. 184 Personen sind unter 30 Jahre alt, während 29 zwischen 30 und 40 Jahre alt sind, 3 zwischen 40 und 50, 8 zwischen 50 und 60, 8 zwischen 60 und 70 und eine Person älter als 70 Jahre. Insgesamt waren es 194 Studierende, 20 angestellte Arbeitnehmer, 9 Selbstständige, 4 BeamtInnen, 4 RentnerInnen, und 2 Nichterwerbstätige. Mit 132 Personen ist die Gruppe aus Schleswig-Holstein eindeutig die größte. Danach folgt mit 68 Befragten Thüringen. Deutlich kleiner ist die Zahl der Befragten aus den Bundesländern Niedersachen (13), Nordrhein-Westfalen (7), Berlin (4), Sachen (3), Baden-Württemberg (2), Bayern (2), Hamburg (1), Mecklenburg-Vorpommern (1) und Sachsen-Anhalt (1). Aus anderen Bundesländern haben sich keine Personen an der Befragung beteiligt.

Die Zusammensetzung dieser Stichprobe hatte für das Zukunftslabor einige Vor-, aber auch Nachteile. Der Großteil der befragten Personen ist im Vergleich zum Bevölkerungsdurchschnitt jung und hoch gebildet. Dies ergibt sich wie oben erwähnt aus der Teilnahme der Studierenden der Ernst-Abbe-Hochschule Jena und der Fachhochschule Kiel. Deshalb lassen sich durch die Ergebnisse des Online-Delphi keine repräsentativen Aussagen treffen, wenn es um den Bezug auf die gesamte deutsche Bevölkerung geht. Allerdings stellt die Stichprobe in Bezug auf die spezielle Fragestellung des Zukunftslabor eine sehr geeignete Gruppe dar.

Bei der Delphi-Methode handelt sich um eine ExpertInnenbefragung. Die Zukunfts- und Reformszenarien behandeln äußerst komplexe Zusammenhänge und Entwicklungen zwischen Wirtschaft, Gesellschaft und Politik. Ein hohes Bildungsniveau und Interesse an diesen Entwicklungen sind bei der Beurteilung der Frage, wie wünschenswert und vor allem wie wahrscheinlich ein bestimmtes Szenario ist, von großem Vorteil. Deshalb ist die mangelnde Repräsentativität der Stichprobe in diesem Fall aus inhaltlicher Sicht mehr Vor- als Nachteil und durchaus im Sinne der Delphi-Methode.

Auch das junge Alter der Stichprobe ist eher als Vorteil anzusehen. Die größte Altersgruppe (unter 30) stellt eine wichtige Gruppe für die zukünftigen Entwicklungen der Gesellschaft dar, einerseits als potenzielle WählerInnen aus politischer Sicht und andererseits die Personen selbst als Gestalter der Zukunft. Es ist davon auszugehen, dass insbesondere Studierende wichtige Position in Wirtschaft, Gesellschaft und Politik einnehmen werden und aktiv an zukünftigen Veränderungen teilhaben und diese beeinflussen. Weiterhin setzen sich junge Menschen eventuell auch intensiver mit der Zukunft auseinander, da sie in dieser auch noch längere Zeit leben werden.

2.3.1.2 Ergebnisse Welle 1

Das primäre Ziel der Online-Delphi-Expertenbefragung war, fachliche Anmerkungen zu den Zukunfts- und Reformszenarien zu erhalten und diese dadurch verbessern zu können. Die Fragen nach der Bewertung der Szenarien wahrscheinlich bzw. wünschenswert dienten dabei eher der Validierung. Durch die Stichprobenbeschaffenheit war der Anteil der technischen Anmerkungen gering und es dominierten die Einschätzungen.

In diesem Berichtsabschnitt werden die Ergebnisse der ersten Welle des Online-Delphi dargestellt und diskutiert. Dabei wurden vier grundsätzlich unterschiedliche Zukunftsszenarien danach bewertet, für wie wahrscheinlich und wie wünschenswert die TeilnehmerInnen diese halten. Die Kurzfassung der vier Zukunftsszenarien lautet (siehe ausführlich im Anhang):

Zukunftsszenario 1: „Markt und Eigeninitiative"

Zukunftsszenario 2: „Starker Staat"

Zukunftsszenario 3: „Gemeinschaft zählt"

Zukunftsszenario 4: „Teilhabe für alle"

In Abbildung 7 werden die Antworten auf die Frage vorgestellt, wie wünschenswert die vier Zukunftsszenarien (ZS) nach Ansicht der Befragten sind. ZS 2 und ZS 4 werden als deutlich wünschenswerter angesehen im Vergleich zu ZS 1 und ZS 3. Der Verlauf von ZS 1 und ZS 3 ist hierbei relativ ähnlich. Beide Szenarien weisen die höchsten Werte bei der Antwortkategorie „weniger wünschenswert" auf. „Gar nicht wünschenswert", „wünschenswert" und „sehr wünschenswert" sind auf demselben Niveau. ZS 3 scheint aber noch etwas weniger wünschenswert unter den TeilnehmerInnen zu sein, da es noch einen etwas höheren Wert bei „weniger wünschenswert" hat und sich etwas weniger Befragte für die neutrale Kategorie entschieden haben. ZS 4 ist insgesamt das wünschenswerteste Szenario. Deutliche Unterschiede zu ZS 2 weisen die Antwortkategorien „weniger wünschenswert und „sehr wünschenswert" auf. Während mehr Befragte ZS 4 für sehr wünschenswert halten, gaben ebenfalls mehr Personen an, dass ZS 2 weniger wünschenswert ist. Interessant ist hierbei, dass ZS 2 scheinbar sehr polarisiert eingeschätzt wird. Zwar haben mehr Befragten angegeben, dass sie dieses Szenario für wünschenswert oder sehr wünschenswert halten, allerdings gab es auch viele Personen, die es für weniger wünschenswert halten.

Abbildung 7: Wie wünschenswert sind für Sie die Zukunftsszenarien 1-4?

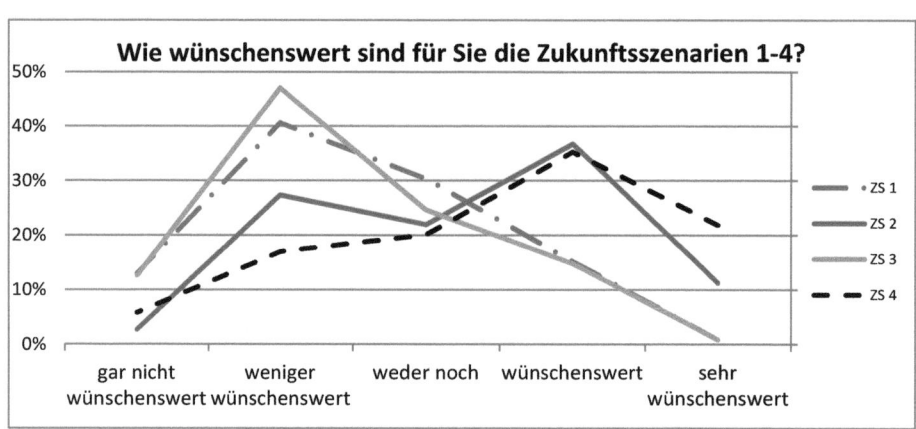

Anmerkung: ZS 1 = Markt und Eigeninitiative / ZS 2 = Starker Staat / ZS 3 = Gemeinschaft zählt / ZS 4 = Teilhabe für alle; Quelle: ISÖ-ZLabSH-Delphi-Welle-1, N=234

Abbildung 8 zeigt auf, wie wahrscheinlich die TeilnehmerInnen des Delphi die vier Zukunftsszenarien einschätzen. ZS 1 und ZS 3 werden deutlich wahrscheinlicher eingeschätzt als ZS 2 und ZS 4. Mehr als die Hälfte der Befragten schätzen ZS 1 als wahrscheinlich ein. Etwas weniger entschieden sich bei ZS 1 für diese Antwortmöglichkeit. ZS 2 und ZS 4 werden insgesamt als deutlich weniger wahrscheinlich eingeschätzt. Es gibt nur kleinere Unterschiede zwischen diesen beiden Szenarien. Anzumerken ist bei diesen Szenarien, dass diese von über der Hälfte der Personen für weniger oder gar nicht wahrscheinlich gehalten werden und etwa ein Drittel unentschlossen ist. Allgemein zeigen die Unterschiede zwischen der Einschätzung, wie wünschenswert und wie wahrscheinlich ein Szenario aus Sicht der Befragten ist, eine sozialpolitisch erklärungsbedürftige Spannung auf. Während ZS 1 und ZS 3 eher als weniger oder gar nicht wünschenswert gelten, werden sie im Vergleich zu den anderen Zukunftsszenarien als deutlich wahrscheinlicher eingeschätzt.

Abbildung 8: Wie wahrscheinlich sind für Sie die Zukunftsszenarien 1-4?

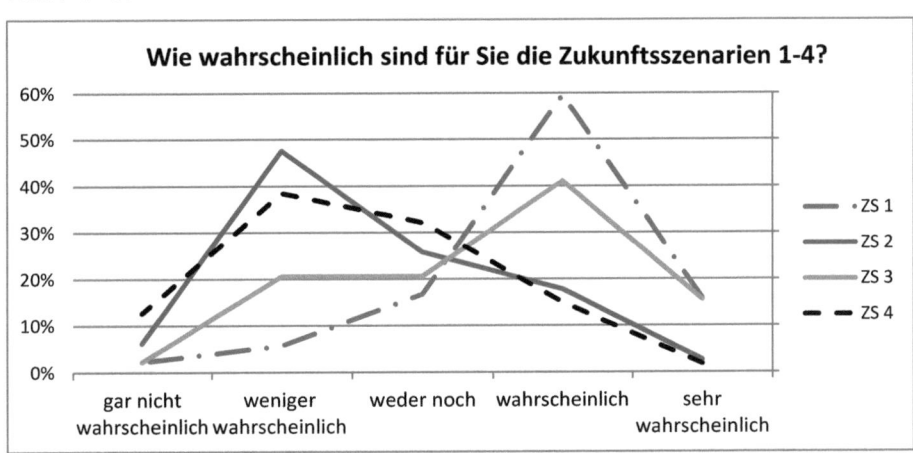

Anmerkung: ZS 1 = Markt und Eigeninitiative / ZS 2 = Starker Staat / ZS 3 = Gemeinschaft zählt / ZS 4 = Teilhabe für alle; Quelle: ISÖ-ZLabSH-Delphi-Welle-1, N=234

ZS 2 und ZS 4 hingegen weisen deutlich höhere Werte bei der Einschätzung ihrer Wünschbarkeit auf, werden hingegen aber für deutlich weniger wahrscheinlich gehalten. Dies ist eine interessante Feststellung, insbesondere für die Überlegung, wie Gesellschaft und Politik die Zukunft gestalten können und wollen. Warum werden wünschenswerte Szenarien für eher unwahrscheinlich eingeschätzt und worin liegen die Ursachen dafür? Welche politischen Reformen müssten umgesetzt werden, um Schritte in die Zukunft zu gehen, die sich die Bevölkerung wünscht? Wieso befürchten umgekehrt viele, dass die weniger wünschenswerten Szenarien mit einer höheren Wahrscheinlichkeit eintreffen? Dies kann zu Zukunftspessimismus führen. Welche politischen und gesellschaftlichen Entwicklungen sind dafür verantwortlich und wie kann man diesen effizient entgegentreten?

In Abbildung 9 wird dargestellt, wie wünschenswert die vier Reformszenarien von den Befragten eingeschätzt wurden. RS 1 und RS 3 haben dabei einen fast identischen Verlauf. Die Bewertung durch die TeilnehmerInnen war sehr neutral. Die meisten Personen entschieden sich bei diesen Szenarien für die neutrale Kategorie. Insgesamt ist RS 1 etwas wünschenswerter, da einige Personen mehr sich für die neutrale Kategorie und „wünschenswert" entschieden hatten, während mehr Personen bei RS 3 angaben, dass sie es für weniger wünschenswert halten. RS 2 und RS 4 werden insgesamt als wünschenswerter als die beiden anderen Szenarien angesehen. Hier ist die Antwortkategorie „wünschenswert" die am häufigsten genannte, bei RS 4 noch etwas häufiger als bei RS 2.

Abbildung 9: Wie wünschenswert sind für Sie die Reformszenarien 1-4?

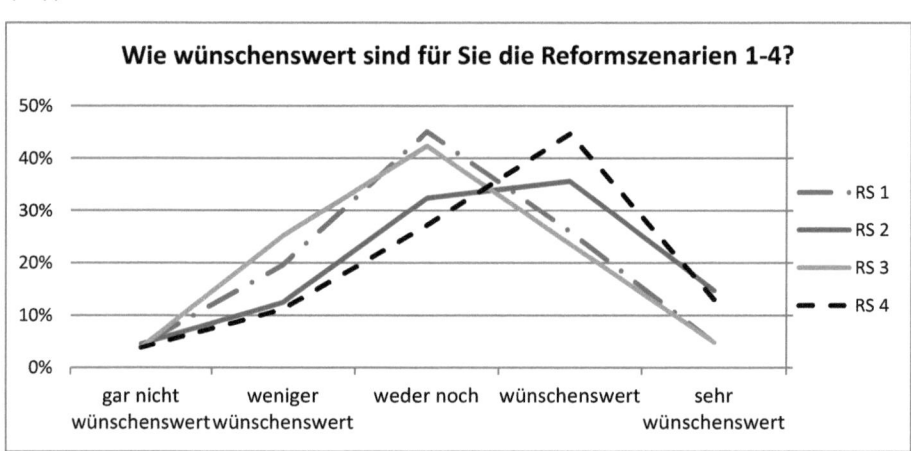

Anmerkung: RS 1 = Bürgergeld / RS 2 = Grundeinkommen / RS 3 = Sozialversicherung / RS 4 = Bürgerversicherung; Quelle: ISÖ-ZLabSH-Delphi-Welle-1, N=234

In Abbildung 10 sieht man, für wie wahrscheinlich die Befragten die Reformszenarien 1-4 halten. Bei allen Reformszenarien haben sich die TeilnehmerInnen am häufigsten für die neutrale Antwortkategorie entschieden. RS 3 wird aber im Vergleich als das Wahrscheinlichste angesehen. Da sich dieses Szenario am deutlichsten an der aktuellen Situation in Deutschland orientiert und nur leichte Veränderungen be-

ISÖ
Institut für
Sozialökologie

inhaltet, erscheint dies gut nachvollziehbar. Der Verlauf der anderen Reformszenarien ist relativ ähnlich, allerdings haben mehr Befragte angegeben, dass sie RS 2 und RS 4 für wahrscheinlich halten, während RS 1 mehr Angaben in der neutralen Kategorie aufweist.

Abbildung 10: Wie wahrscheinlich sind für Sie die Reformszenarien 1-4?

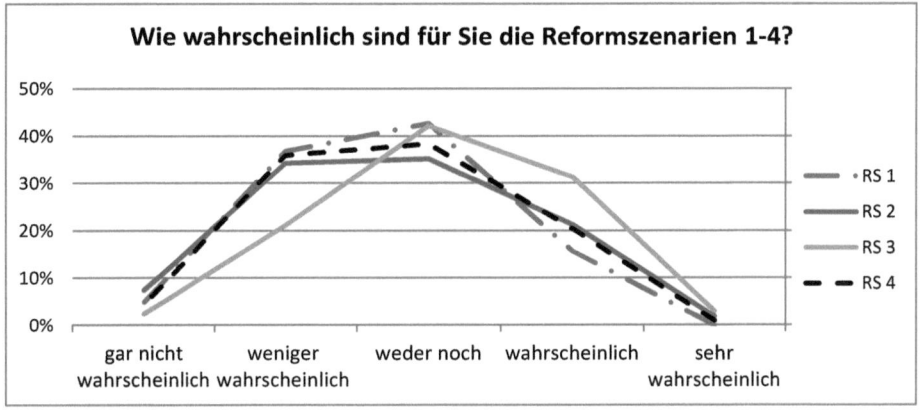

Anmerkung: RS 1 = Bürgergeld / RS 2 = Grundeinkommen / RS 3 = Sozialversicherung / RS 4 = Bürgerversicherung; Quelle: ISÖ-ZLabSH-Delphi-Welle-1, N=234

Insgesamt lässt sich sagen, dass die Einschätzung wie wünschenswert oder wahrscheinlich die Reformszenarien sind, deutlich neutraler als bei den Zukunftsszenarien ausfällt. Insbesondere bei der Frage, wie wünschenswert die Szenarien sind, fällt auf, dass die Verteilung bei RS 1 und RS 3 neutral und fast identisch ist. RS 2 und RS 4 gelten zwar als etwas wünschenswerter, unterscheiden sich aber nicht so deutlich wie die Bewertung der Zukunftsszenarien. Dass RS 3 am wahrscheinlichsten eingeschätzt wird, macht durchaus Sinn, da es mit dem aktuellen System die meisten Gemeinsamkeiten hat und nur leichte Veränderungen zur Umsetzung nötig wären. Dennoch scheint es nach diesen Ergebnissen das am wenigsten wünschenswerte Szenario zu sein, was eine Unzufriedenheit mit der aktuellen Situation ausdrückt.

ISÖ
Institut für
Sozialökologie

2.3.2 Welle 2

2.3.2.1 Stichprobe Welle 2

In Abbildung 11 wird die Stichprobe der zweiten Welle der Delphi-Befragung unterteilt nach demographischen Merkmalen dargestellt. Von den 234 Teilnehmern der ersten Welle haben sich 128 an der zweiten Welle beteiligt. Aus Schleswig-Holstein nahmen 117 Personen teil, von denen 109 Studierende waren. Aus den anderen Bundesländern nahmen nur noch 11 Personen teil (Niedersachsen 8, Baden-Württemberg, Berlin und Hamburg je 1), wovon ebenfalls der größte Teil (8) aktuell ein Studium absolviert. Dies zeichnet sich auch in der Altersvariable ab. 114 Befragte sind unter 30 Jahre alt, während die Gruppen 30-40 (9), 40-50 (2), 50-60 (0), 60-70 (3) und über 70 (0) nur einen sehr geringen Teil der Stichprobe ausmachen.

Abbildung 11: Demographie Merkmale des Online-Delphi Welle 2

Demographische Merkmale					
Geschlecht	männlich	weiblich	divers		
	80	47	1		
Alter	u30	30-40	40-50	50-60	60-70	70+
	114	9	2	0	3	0
Bildung	mittlere Reife	Abitur	Bachelor	Master/ Diplom	Promotion/ Habilitation	
	2	114	8	1	3	
Beruf	angestellte ArbeitnehmerIn	Beamter/ Beamtin	Selbst -ständig	RentnerIn	SchülerIn/ Studierende	nicht erwerbstätig
	5	1	5	0	117	0
Herkunft	Baden-Württemberg	Berlin	Hamburg	Nieder-sachsen	Schleswig-Holstein	
	1	1	1	8	117	
Stichprobe Schleswig-Holstein	Studierende 109	Andere 8				
Stichprobe andere Bundesländer	Studierende 8	Andere 3				

Quelle: ISÖ-ZLabSH-Delphi-Welle-2, N=128

Während in der ersten Stichprobe noch ein sehr ausgeglichenes Verhältnis zwischen Frauen und Männern vorhanden war, stehen bei der zweiten Stichprobe 47

ISÖ
Institut für
Sozialökologie

Frauen 80 Männern gegenüber. Aufgrund der zuvor aufgeführten Merkmale der Stichprobe muss auch bei der Darstellung der Ergebnisse der zweiten Welle auf repräsentative Aussagen verzichtet werden. Die Befragten sind im Durchschnitt sehr jung, hoch gebildet, wohnhaft in Schleswig-Holstein und zu einem sehr großen Teil männlich. Repräsentative Aussagen zu treffen ist nicht das Ziel der Delphi-Methode, sondern durch qualitative Rückmeldungen die Zukunfts- und Reformszenarien zu bewerten und verbessern. Möglicherweise ist die sehr unterschiedliche Einschätzung, wie wünschenswert und wahrscheinlich die Szenarien sind, nur unter der Gruppe der Studierenden so ausgeprägt.

Die zweite Welle des Online-Delphi war verglichen mit der ersten Welle deutlich anders konzipiert. Sie fand im Zeitraum zwischen dem 7.11.2019 und dem 17.11.2019 statt. Während der ersten Welle wurden die TeilnehmerInnen gefragt, ob sie Interesse an der Teilnahme der zweiten Welle haben. Falls ja konnten sie ihre E-Mail-Adresse angeben. Diesen Personen wurde zum Start der zweiten Welle eine E-Mail mit dem Teilnahme-Link geschickt. Es haben damit nur Personen an der zweiten Welle teilgenommen, die auch schon bei der ersten Befragung mitwirkten und ein gewisses Vorwissen über die Zukunfts- und Reformszenarien aufwiesen. Statt ein weiteres Mal die Zukunfts- und Reformszenarien vorzustellen und bewerten zu lassen, wie wahrscheinlich und wünschenswert diese sind, war in dieser Welle das Ziel, deutlich tiefer zu gehen und ausführlichere Rückmeldungen der Befragten zu erhalten. Im ersten Schritt wurden die Ergebnisse der ersten Welle des Online-Delphi dargestellt und beschrieben, vor allem auch zum Spannungsverhältnis von wünschenswerten und wahrscheinlichen Einschätzungen. Basierend auf diesen Ergebnissen sollten die Befragten vier Fragen beantworten:

- Zukunftsfrage 1: Wie interpretieren Sie dieses Spannungsverhältnis?
- Zukunftsfrage 2: Wo sehen Sie den wichtigsten Zusammenhang zwischen der demographischen Entwicklung und dem Sozialstaat?
- Zukunftsfrage 3: Wo sehen Sie den wichtigsten Zusammenhang zwischen der Digitalisierung und dem Sozialstaat?

- Alles in Allem, wenn Sie die vier Reformszenarien betrachten (Bürgergeld, Grundeinkommen, Grundsicherung, Bürgerversicherung): welches dieser Reformszenarien gibt Ihrer Meinung nach die beste Antwort auf die drei Zukunftsfragen, die Sie gerade beantwortet haben, und warum?

2.3.2.2 Ergebnisse Welle 2

Zukunftsfrage 1: Wie interpretieren Sie dieses Spannungsverhältnis?

Bei den Ergebnissen der ersten Welle der Delphi-Befragung wurde auf das Spannungsverhältnis zwischen Wünschenswertem und Wahrscheinlichem hingewiesen. Ein Großteil der Befragten gab an, dass sie die Zukunftsszenarien 1 und 3 für weniger wünschenswert, aber eher wahrscheinlich halten. Im Unterschied dazu gaben sie an, dass sie die Zukunftsszenarien 2 und 4 für eher wünschenswert, aber weniger wahrscheinlich halten. Die erste Frage der zweiten Welle zielte darauf ab, mögliche Ursachen dieses Spannungsverhältnisses aus Sicht der Befragten zu ergründen. Hier wird deutlich, dass die Befragten auf den verschiedenen gesellschaftspolitischen Ebenen eine Antwort suchen.

Als am häufigsten genannte Ursache sehen die Befragten Probleme der politischen Umsetzung. Viele TeilnehmerInnen äußerten ein verlorenes Vertrauen in die Politik. Die Politik vertrete eher ökonomische Interessen und werde eher durch Lobbyinteressen beeinflusst als durch die tatsächliche Stimmung in der Bevölkerung. Auch wenn die Umsetzung gewisser Reformen wie beispielsweise das Grundeinkommen möglich wäre, sei die Politik nicht willens dies auf Kosten der Interessen großer Wirtschaftsunternehmen oder wohlhabender Bevölkerungsschichten umzusetzen. Viele Befragte fühlen sich von der Politik nicht ernst genommen und glauben nicht daran, dass die politischen Parteien für die Umsetzung ihrer Interessen eintreten. Andere Befragte hielten nicht den Einfluss verschiedener Gruppen auf die Politik für das Problem, sondern beschrieben eine allgemeine Trägheit und Passivität der Politik. Insgesamt ist aus den Antworten vieler eine Politikverdrossenheit herauszulesen.

Einige Antworten bewerteten die Ergebnisse aus einer eher politisch-technischen Perspektive. Zukunftsszenario 1 und 3 seien deutlich näher an unserer aktuellen Situation, während für eine Umsetzung der Zukunftsszenarien 2 und 4 viele politische und auch gesellschaftliche Veränderungen nötig wären. Unser Sozialsystem ist sehr komplex und über Jahrzehnte gewachsen, weswegen eine Umsetzung derartig umfangreicher Veränderung generell unwahrscheinlich und mit einem enormen Aufwand verbunden wäre. Des Weiteren sind die Kosten schwer abzuschätzen und erschweren eine grundlegende Umstrukturierung des Sozialsystems. Die aktuellen Strukturen lassen umfangreiche Änderungen nicht zu. Generell müssen immer Kompromisse gefunden werden, die tiefgreifende Veränderungen über einen kurzen Zeitraum relativ unwahrscheinlich machen.

Zukunftsfrage 2: Wo sehen Sie den wichtigsten Zusammenhang zwischen der demographischen Entwicklung und dem Sozialstaat?

Bei der Frage welchen Zusammenhang zwischen der demographischen Entwicklung und dem Sozialstaat die Befragten am wichtigsten halten, gaben die meisten Personen die zunehmend alternde Bevölkerung und daraus entstehenden Probleme der Rentenfinanzierung an. Viele sehen den Generationenvertrag als ein veraltetes und nicht mehr zeitgemäßes Instrument zur Steuerung der Rentenpolitik an. Dieses System müsse überdacht und an die wie auch immer geartete reale Begebenheiten angepasst werden. Während einige ein Steuer- statt Beitragssystem für eine bessere Lösung halten, sehen andere wirtschaftliches Wachstum als geeignete Möglichkeit. Durch die Steigerung der Produktivität und daraus entstehende Einkommenssteigerung werden auch die Beitragszahlungen höher und bieten eine ausreichende Finanzierung des Rentensystems. Dennoch betonten mehrere Befragte auch, dass die Mittelschicht entlastet werden muss und eine zukünftige Finanzierung eher durch die besserverdienenden Bevölkerungsschichten erfolgen solle.

Die gesteigerten finanziellen Mittel dürften allerdings nicht nur für rein monetäre Leistungen genutzt werden. Viele Befragten sahen neben der Altersarmut auch in

ISÖ
Institut für
Sozialökologie

der Pflege ein großes Problemfeld der Zukunft. Einerseits müssen die direkten Pflegeleistungen und die Situation der Bedürftigen verbessert werden und andererseits auch ein Anreiz für Menschen geschaffen werden in diesem Bereich zu arbeiten.

Ein anderer mehrfach genannter Lösungsansatz für die demographischen Probleme der Zukunft ist eine bessere und aktive Familienpolitik, durch die eine wieder höhere Fertilitätsrate die Alterung der Gesellschaft wieder verringert werde. Eine verstärkte Unterstützung Alleinerziehender durch verbesserte Kinderbetreuung verringere die Opportunitätskosten der Entscheidung zwischen Karriere oder Familie.

Andere Befragte sahen nicht nur in der Bereitstellung von Betreuung und Freizeitangeboten für Kinder und Jugend einen möglichen positiven Einfluss, sondern auch in der verstärkten Investition in die Bildung. Durch höhere Bildung steigen nicht nur die gesamten Einnahmen des Staates und Rentensystems durch Produktivitätszuwachs, sondern seien auch weniger Menschen auf Hilfe angewiesen. Wiederum können diese Menschen besser für sich selbst vorsorgen und seien auch nur in geringerem Maße auf ein staatliches Rentensystem angewiesen.

Auch das Thema Migration wurde von einigen Befragten aufgegriffen, sowohl national als auch international. Einige Befragte sehen in der Landflucht ein großes Problem der Zukunft. Nicht nur die immer älter werdende Bevölkerung auf dem Land, sondern auch die durch die größere Nachfrage steigenden Mietpreise in der Stadt. Die Politik sollte versuchen Anreize zu schaffen auf dem Land zu bleiben, da hierdurch auch wieder private und innerfamiliäre Pflege gestärkt würde. Die internationale Migration wurde von einigen Personen als Chance gesehen durch junge Zuwanderer die demographische Alterung zu verringern und durch eine erfolgreiche Integration in den Arbeitsmarkt die Wirtschaft zu stärken. Einige wenige betonten, dass ein stärkerer Fokus auf gut ausgebildete Menschen gesetzt werden müsse.

Zukunftsfrage 3: Wo sehen Sie den wichtigsten Zusammenhang zwischen der Digitalisierung und dem Sozialstaat?

Fast alle Befragten sehen in der Digitalisierung sowohl Chancen als auch eine Gefahr für die Zukunft. Die Digitalisierung bringt ein großes Potential mit sich, die der Staat auch ausreichend nutzen muss. Neben dem Sozialsystem könnten auch alle anderen Verwaltungsprozesse im Staat vereinfacht und günstiger gestaltet werden. Dennoch reagiert der Staat aus Sicht vieler Befragten zu langsam, wenn es darum gehe neue Technologien in die laufenden Prozesse miteinzubauen.

Die Wirtschaft hingegen nutze neue Technologien wie die Digitalisierung deutlich schneller und auch besser. Dadurch werden Produktivität und Gewinne in der Wirtschaft enorm gesteigert, was zukünftig noch deutlich beschleunigt werde. Diese Gewinne müsse der Staat aber auch nutzen und wiederum in die Gesellschaft investieren. Denn neben dem positiven Effekt der Produktions- und Gewinnsteigerung entstehen auch negative Effekte.

Die großen Verlierer der Digitalisierung sehen viele Befragten in den eher geringverdienenden Einkommensgruppen. Durch das Ersetzen vieler einfacher Arbeitstätigkeiten durch Automatisierung und zukünftig immer besser werdende Robotik und Computertechnik fallen viele Arbeitsplätze weg. Diese Menschen werden oft auf staatliche Unterstützung angewiesen sein. Während zukünftige Generation mit dieser Technik aufwachsen und in dadurch neu entstehende Berufsfelder eintreten, haben ältere Menschen oft das Problem, sich nicht mehr in die neue Technik einzufinden und vom Arbeitsmarkt ausgeschlossen zu werden. Deshalb muss der Staat sich nicht nur mit den durch die Digitalisierung neu entstehenden Möglichkeiten auseinandersetzen, sondern auch mit den dadurch entstehenden Folgen in der Bevölkerung.

Einerseits muss der Staat nach Ansicht vieler Befragter über das Sozialsystem die Menschen auffangen, die durch diese Veränderung ihren Job und finanzielle Sicherheit verlieren, andererseits muss er aktiv für die Integration in die neu entstehen Berufsfelder sorgen. Dies könnte über entsprechend geförderte Umschulungen

Institut für
Sozialökologie

45

geschehen. Ebenfalls sollte der Staat in neue Ideen und Innovation investieren und regionale Start-Up Unternehmen unterstützen und deren Gründung erleichtern. Auch in Bildung und Gesundheit sollte aus Sicht der Befragten verstärkt investiert werden. Die Digitalisierung erleichtere nicht nur die Bildung, sondern durch gezieltes Einsetzen und Information über neue Technik werden die SchülerInnen auf die zukünftige Arbeitswelt vorbereitet. In der Pflege könnte die Digitalisierung vieles vereinfachen, insbesondere da dieser Bereich in Deutschland aktuell große Probleme aufweise.

Zukunftsfrage 4: Alles in Allem, wenn Sie die vier Reformszenarien betrachten (Bürgergeld, Grundeinkommen, Grundsicherung, Bürgerversicherung): welches dieser Reformszenarien gibt Ihrer Meinung nach die beste Antwort auf die drei Zukunftsfragen, die Sie gerade beantwortet haben, und warum?

Allgemein fand jedes der vier Reformszenarien unter den Befragten UnterstützerInnen. Dennoch gaben aus jetziger Sicht die meisten der Befragten an, dass sie Reformszenario 2 (Grundeinkommen) für am geeignetsten halten und ähnlich viele Befragte nannten Reformszenario 4 (Bürgerversicherung). Etwas weniger entschieden sich für Reformszenario 3 (Sozialversicherung) und Reformszenario 1 (Bürgergeld).

Die Befragten, die sich für das Bürgergeld entschieden, begründeten dies in den meisten Fällen mit den positiven Arbeitsanreizen. Durch eine negative Einkommenssteuer werden die Leute zum Eintritt in den Arbeitsmarkt motiviert, auch wenn es im ersten Schritt mit einer relativ niedrigen Vergütung einhergehen könnte. Ebenfalls würden auch nur die Leute Leistungen erhalten, die diese auch zwingend benötigen und der Bürokratieaufwand sei deutlich niedriger.

Die Argumente für das Grundeinkommen sind deutlich andere. Viele Befragte argumentierten für das Grundeinkommen, da es Gleichheit in der Gesellschaft erhöhe und keine Gruppen dadurch bevor- bzw. benachteiligt werden, jeder erhält das Gleiche. Dadurch würden sich für viele Menschen neue Möglichkeiten ergeben. Statt einen Beruf rein aus finanziellem Interesse nachzugehen, könnte man sich eher

Dingen widmen, die einen persönlich interessieren, auch wenn diese schlechter bezahlt werden. Ebenfalls könnten deutlich mehr Menschen in Teilzeitarbeit übergehen, da sie über eine weitere finanzielle Ressource verfügen.

Personen, die sich für das Reformszenario Grundsicherung (Sozialversicherung) entschieden haben, argumentierten wieder eher wie beim Bürgergeld. Die Grundsicherung schaffe Anreize die Menschen sich in den Arbeitsmarkt zu integrieren und sich selbst zu versorgen, ohne auf Hilfe des Staates angewiesen zu sein. Ebenfalls bekomme jeder einen fairen Anteil, gemessen an den Beiträgen, die eingezahlt wurden.

Die Bürgerversicherung fand ebenfalls bei vielen Befragten Anklang. Die Finanzierung über Sozialsteuern, die alle im gleichen Maße beisteuern, sei fair und eine Mindestversicherungszeit für Leistungsansprüche sehr sinnvoll. Weiterhin ist durch „Bafög für Alle" eine Chancengleichheit im Bildungssystem gegeben und jeder kann seine persönlichen Interessen hinsichtlich Ausbildung und späterem Berufseinstieg verfolgen. Eine gute Arbeitsmarktintegration werde gefördert und dadurch langfristige Erwerbsanreize geschaffen.

3 Diskussion

Die Kombination verschiedener Erhebungsmethoden, insbesondere die Online-Delphi-Befragung, hat dem ISÖ sowohl inhaltlich als auch technisch bei der Durchführung des Zukunftslabors wichtige Erkenntnisse erbracht. Eines der wichtigsten Erkenntnisse, die sich während der Diskussionen beim Zukunftsworkshop im Sozialministerium, aber vor allem auch durch die Antworten der zweiten Delphi-Welle ergeben hat, war eine Ausweitung der Reformszenarien. Ursprünglich lag der Fokus ausschließlich auf einkommensbasierten Sicherungssystemen. Durch die Rückmeldungen der Befragten hat sich die Wichtigkeit der Gesundheits- und Pflegesysteme und deren Reform hervorgehoben, die aus der Sicht vieler Befragten eine wichtige Position im Sozialsystem einnehmen und bei der Diskussion über dessen zukünftiger Ausrichtung nicht außer Acht gelassen werden sollten. Dies macht deutlich, welche enorme Hilfestellung eine gut konzipierte Delphi-Befragung haben kann. Zwar war dem ISÖ und sicher auch der Landesregierung die Wichtigkeit des Gesundheits- und Pflegesystems innerhalb des Gesamtsystems der Sozialen Sicherung bewusst, es stand jedoch nicht im Zentrum der Leistungsbeschreibung und damit des Vertrages der Wissenschaftlichen Koordination und Begleitung.[39] Durch die Delphi-Befragung wurde klar, dass eine sinnvolle Erneuerung der Sozialen Sicherung nicht ohne direkten Einbezug des Gesundheits- und Pflegesystems möglich ist und es deshalb auch in die Reformszenarien miteinfließen muss.

Die Delphi-Befragung war in der ursprünglichen Projektplanung nicht vorgesehen und hat sich im Laufe des Zukunftslabors einerseits durch den Entfall von Zukunftsworkshops, andererseits durch den Wunsch der Landesregierung nach einem größeren Einbezug der Bevölkerung ergeben. Da die Sozialpolitik ein hochkomplexes Themengebiet ist und eine repräsentative Befragung sich nur bedingt für derartige Fragestellungen anbietet, entschied sich das ISÖ für die Delphi-Befragung als einem bewährten Instrument der Zukunftsforschung.

---

[39]   Opielka 2019a.

ISÖ
Institut für
Sozialökologie

Durch die Kombination der Delphi-Befragung mit der Analyse repräsentativer Daten konnte man verschiedenen Problemen begegnen. Einerseits war es das Ziel konstruktive Kritik von ExpertInnen, sowohl inhaltlich als auch technisch, zu den erarbeiteten Zukunfts- und Reformszenarien zu erhalten, um diese zu verbessern. Andererseits konnte man durch die Option zwischen zwei Antwortstrategien – Kurzfassung und Langfassung – die Komplexität etwas reduzieren und den Befragten mit weniger Fachwissen die Möglichkeit geben die Szenarien nur im Allgemeinen zu bewerten und dennoch Anmerkungen zu machen. Dadurch konnten mehr TeilnehmerInnen und deren Kritik für die Befragung gewonnen werden und auch dem Wunsch des Sozialministeriums in Kombination mit der Auswertung repräsentativer Befragungen zumindest teilweise nachgekommen werden.

Doch es sollten auch die Probleme der Delphi-Befragung erwähnt werden. Die erhobene Stichprobe bzw. Akquirierung geeigneter ExpertInnen für die Bewertung derartig komplexer Szenarien ist nicht unproblematisch. Wie sich bei der Betrachtung der Stichproben zeigt ist es schwer geeignete Personen rein auf freiwilliger Basis für die Teilnahme an einer vergleichsweise aufwendigen Befragung zu finden. Auch konnte die Möglichkeit der Pausierung der Befragung hierbei nur bedingt Abhilfe verschaffen. Insgesamt haben 396 Personen die Befragung gestartet, aber nur 234 erfolgreich abgeschlossen. Von diesen 162 abgebrochenen Befragungen haben knapp 100 Personen die Befragung schon bei der Bewertung des zweiten Zukunftsszenarios abgebrochen. Dies ist vermutlich auf die Komplexität und vor allem auch die Länge der Befragung zurückzuführen. Sich auf rein freiwilliger Basis mit einer umfangreichen Befragung auseinanderzusetzen erfordert einen nicht geringen Zeitaufwand und Konzentration. Auch die dafür eingesetzte Pausierfunktion konnte hier nur bedingt ausgleichen. TeilnehmerInnen mit hoher Expertise und Fachwissen im Bereich Sozialpolitik sind im Verhältnis zu den Studierenden und sonstigen Personen dadurch relativ gering vertreten. Nur wenige Personen aus den verschiedenen E-Mail-Verteilern und angeschriebenen Institutionen haben sich an der Befragung beteiligt, sodass der Anteil an Studierenden überwiegt.

Dennoch wurde durch den eigens für die Umfrage veranstalteten Workshop sowie die Durchführung der Befragung mit Studierenden der Sozialen Arbeit an der Ernst-Abbe-Hochschule Jena versucht den Befragtenkreis auf Personengruppen zu erweitern, die zwar nicht direkt als ExpertInnen gewertet werden können, aber hochgebildet und am Themengebiet interessiert sind und durch ihr Studium zumindest Grundkenntnisse zur Sozialpolitik vorweisen können. Die Ergebnisse haben weiterhin gezeigt, dass die Studierenden zwar keine ExpertInnen im klassischen Sinn sind, aber dennoch mit der Befragung nicht überfordert waren. Zwar gab es einzelne Anmerkungen, dass es einigen Befragten schwer fiel eine Einschätzung zu gewissen Teilbereichen abzugeben, da auf diesem Gebiet Fachwissen fehle, dennoch gab es viele interessante und nützliche Anmerkungen. Die Befragten hielten die vorgestellten Szenarien für plausibel und deren Rückmeldung diente auch zur Überprüfung der inhaltlichen Konsistenz der Szenarien. Darüber hinaus gab es trotz der anfänglichen Befürchtung, dass die Studierenden nicht ausreichend Fachkompetenz verfügen und überfordert sein könnten, viele hilfreiche Anmerkungen zur weiteren Verbesserung der Szenarien.

In Bezug auf die anfangs zitierte Kritik im Bericht der Landesregierung sowie der in der Plenarsitzung des Landtags geäußerten Kritik muss noch einmal deutlich gemacht werden, dass sie nicht bestätigt werden kann. Das Delphi hat wichtige Erkenntnisse zur inhaltlichen Ausgestaltung der Szenarien gewinnen können. Man kann davon ausgehen, dass die befragten Studierenden aufgrund ihrer Studiengänge über ein höheres Fachwissen auf dem behandelten Themengebiet besitzen, als es beim Durchschnitt der Bevölkerung der Fall ist. Die Kritik der mangelnden Repräsentativität ist irrelevant, da diese nie das Ziel der Delphi-Befragung war, sondern qualitative Erkenntnisse über die Inhalte der Szenarien. Die Repräsentativität wurde durch die Kombination mit Daten repräsentativer Erhebungen gewährleistet und diente mehr der Kontrolle der im Delphi erhobenen Daten. Die Ergebnisse hin-

sichtlich Wahrscheinlichkeit und Wünschbarkeit der Zukunfts- wie der Reformszenarien weisen zwischen der Delphi-Befragung und der Analyse repräsentativer Daten eine ähnliche Tendenz auf.[40]

Einer der zentralen Kritikpunkte im Bericht der Landesregierung war die Partizipation bei den verschiedenen methodischen Ansätzen, insbesondere der Delphi-Befragung. Umfragen mit dem Ziel einer repräsentativen Stichprobenziehung sind äußerst umfangreich in Planung und Durchführung, finanziell kostspielig und mit er-
heblichem personellem Einsatz verbunden. Der Wunsch nach einer entsprechenden Befragung wurde zeitlich im schon weit fortgeschrittenen Verlauf des Projekts
geäußert und war für das Forscherteam überraschend. Dennoch war die Kombination aus Delphi-Befragung und zusätzlicher Analyse repräsentativer Daten aus da-
maliger und heutiger Sicht der richtige Schritt und erbrachte äußerst nützliche Erkenntnisse für den weiteren Fortschritt des Projekts. Die kritisierte niedrige Partizipation durch Stakeholder und Öffentlichkeit aus Sicht der Landesregierung muss
hierbei nüchtern beurteilt werden. So erfolgten seitens der Landesregierung bzw.
der im Beirat vertretenen Stakeholder keine sichtbaren Bemühungen diese Beteiligung zu fördern. Die Bewerbung der Umfrage erfolgte ausschließlich über das ISÖ.
Erstaunlicherweise haben sich auch die Stakeholder, soweit die anonymisierte
Stichprobe dies über die demographischen Daten erkennen lässt, nicht in erwäh-
nenswerter Weise an der Delphi-Befragung beteiligt. Dabei bot die Delphi-Befragung die ideale Voraussetzung inhaltliche Kritik an den Szenarien zu äußern. Ein
für die Delphi-Befragung veranstalteter Zukunftsworkshop und die Durchführung
der Befragung an zwei Hochschulen zeigt den Versuch des Forscherteams möglichst viel Kritik und Anmerkungen zu den Szenarien zu erhalten und diese weiter
zu verbessern. Der Versuch der Vermittlung der methodischen Herangehensweise
des ISÖ durch einerseits eine Delphi-Befragung für ExpertInnenwissen und andererseits die Analyse von repräsentativen Daten zum Abgleich mit Einstellungen innerhalb der Bevölkerung wurde nicht wahrgenommen oder nicht verstanden. Diese

---

[40] Opielka/Peter 2020.

Vermittlung ist ein zentraler und wichtiger Faktor bei der Zusammenarbeit zwischen Wissenschaft und Politik.

Wie ist die Nutzung der Delphi-Methode nun aus Sicht des ISÖ zu bewerten. Die drei anfänglich erwähnten Ziele Validierung, Exploration und Evaluation wurden generell erreicht. Inkonsistente und nicht plausible Teile der Szenarien konnten basierend auf den Anmerkungen der Befragten überarbeitet werden. Die Szenarien waren für die Befragten größtenteils verständlich und nachvollziehbar. Bezüglich der Exploration gab es wohl das umfangreichste Ergebnis. Es gab nicht nur kleinere Erweiterungen und Überarbeitungen der Szenarien durch die Ergebnisse der Befragung, sondern mit der Hinzunahme der Gesundheits- und Pflegesysteme wurden die Reformszenarien grundsätzlich weitreichend überarbeitet und um einen sehr großen und wichtigen Bereich erweitert. Hierbei waren es insbesondere die Anmerkungen der Studierenden, die aufgezeigt haben, dass eine Betrachtung der einkommensbasierten Sicherungssysteme nicht ausreicht, um die Soziale Sicherung in Deutschland ausreichend zu untersuchen. Auch die Evaluation hat aus Sicht des ISÖ den gewünschten Zweck erfüllt. Die Szenarien wurden danach bewertet, wie wahrscheinlich und wünschenswert sie sind. Basierend auf den Ergebnissen haben sich weitere und tiefgreifendere Diskussionen über die Szenarien ergeben, beispielsweise die Ursache des Spannungsverhältnisses zwischen wünschenswerten und wahrscheinlichen Szenarien.

Das wichtigste Ziel bei vergleichbaren Projekten zwischen Wissenschaft und Politik bzw. „Nichtwissenschaftlern" sollte deshalb nicht aus den Augen verloren werden. Die Wissenschaft muss darauf achten die Inhalte und auch die Logik hinter verschiedenen methodischen Ansätzen mit den Projektpartnern zu kommunizieren und verständlich zu machen. Auf der anderen Seite müssen aber auch die Projektpartner versuchen diese zu verstehen und der Wissenschaft Vertrauen schenken, auch wenn die Forschungsprozesse zunächst nicht gänzlich verstanden werden. Dies ist die Grundlage einer erfolgreichen Zusammenarbeit zwischen Wissenschaft und Politik. Ohne diese gemeinsame Grundlage sind erfolgreiche Projekte, insbesondere bei hochkomplexen Themengebieten wie der Sozialpolitik, nur schwer umsetzbar.

Das Online-Delphi ist eine bewährte Methode der Zukunftsforschung, um ExpertInnen zu komplexen Fragestellungen der Zukunftsgestaltung aktiv einzubeziehen. In der Zukunftsforschung zur Sozialpolitik wurde diese Methode bisher kaum genutzt. Wir berichteten aus den Erfahrung mit dieser Methode in einem äußerst anspruchsvollen Projekt, dem „Zukunftslabor" in Schleswig-Holstein. Es soll untersuchen, ob Konzept wie Bürgergeld und Grundeinkommen die Zukunft der Sozialpolitik prägen können und sollten, oder ob die Sozialsysteme nur immanent fortzuentwickeln sind. Wir konnten zeigen, dass es nicht leicht ist, in Politik und Verwaltung Verständnis für eine solch tastende, explorative Forschungsmethode zu erlangen.

4   Literatur

Cuhls, Kerstin/Kimpeler, Simone/Oertzen, Jürgen (2007): *Zukünftige Informationstechnologie für den Gesundheitsbereich.* Stuttgart: MFG-Stiftung Baden-Württemberg.

Ehmann, Kathrin/Opielka, Michael/Peter, Sophie (2019): *Zukunftsszenarien und Reformszenarien – Die morphologische Matrix als Instrument im Zukunftslabor.* In: Opielka 2019, S. 137-148.

Esping-Andersen, Gøsta (1990): *The three worlds of welfare capitalism.* Princeton: Princeton University Press.

Gordon, Theodore J./Helmer-Hirschberg, Olaf (1964): *Report on a Long-Range Forecasting Study.* Santa Monica: RAND Corporation. Internet: https://www.rand.org/pubs/-papers/P2982.html

Häder, Michael (2014): *Delphi-Befragungen. Ein Arbeitsbuch.* Wiesbaden: Springer VS.

Linstone, Harold A./Turoff, Murray (eds.) (1975): *Delphi Method: Techniques and Applications.* Boston: Addison-Wesley. Internet: https://web.njit.edu/~turoff/pubs/delphibook/-index.html

Niederberger, Marlen/Renn, Ortwin (Hrsg.) (2019): *Delphi-Verfahren in den Sozial- und Gesundheitswissenschaften. Konzept, Varianten und Anwendungsbeispiele.* Wiesbaden: Springer VS.

Opielka, Michael (2008): *Sozialpolitik. Grundlagen und vergleichende Perspektiven.* 2. Aufl. Reinbek: Rowohlt (rowohlts enzyklopädie).

Opielka, Michael (Hrsg.) (2019): *Zukunftslabor Schleswig-Holstein. Demographie und Digitalisierung #ZLabSH.* ISÖ-Text 2019-1. Norderstedt: BoD.

Opielka, Michael (2019a): *Ein Zukunftslabor für die Soziale Sicherung.* In: Opielka 2019, S. 5-23.

Opielka, Michael/Peter, Sophie (2018): *Zukunftsszenario Altenhilfe Schleswig-Holstein 2030/2045. Ergebnisbericht.* ISÖ-Text 2018-1. Norderstedt: BoD.

Opielka, Michael/Peter, Sophie (2020): *Zukunftslabor Schleswig-Holstein. Zukunftsszenarien und Reformszenarien.* Unter Mitarbeit von Kathrin Ehmann und Timo Hutflesz. ISÖ-Text 2020-1. Norderstedt: BoD (i.E.).

Schleswig-Holsteinischer Landtag (2020): *Bericht der Landesregierung. Bericht über die Arbeit des Zukunftslabors zur Weiterentwicklung der sozialen Sicherungssysteme.* Drucksache 19/2121 v. 23.4.2020.

Schleswig-Holsteinischer Landtag (2020a): *Landtag Schleswig-Holstein Plenarprotokoll. 85. Sitzung v. 7. Mai 2020.* Plenarprotokoll 19/85 (neu).

5 Autoren

Timo Hutflesz, M.Sc. (Junior Researcher, ISÖ - Institut für Sozialökologie)

Timo Hutflesz arbeitet seit August 2019 im ISÖ - Institut für Sozialökologie als Junior-Resear-cher. Er hat im November 2018 seinen Master (M.Sc.) in Soziologie und Empirischer Sozialfor-schung an der Universität zu Köln abgeschlossen. Schwerpunkt des Masters war die quantita-tive Analyse von Daten in den Bereichen Bildung, Migration und Familie. Als Nebenfach belegte er Sozialpolitik mit dem Fokus auf der Entstehung und Entwicklung europäischer Sozialpolitik.

Prof. Dr. Michael Opielka (Wissenschaftlicher Leiter, ISÖ - Institut für Sozialökologie)

Prof. Opielka ist Wissenschaftlicher Leiter und Geschäftsführer des ISÖ - Institut für Sozialöko-logie in Siegburg und Professor für Sozialpolitik an der Ernst-Abbe-Hochschule Jena. 2012 bis 2016 leitete er zudem das IZT - Institut für Zukunftsstudien und Technologiebewertung in Ber-lin. 2015 Gastprofessor für Soziale Nachhaltigkeit an der Universität Leipzig. Visiting Scholar UC Berkeley (1990-1, 2005-6). Promotion (HU Berlin 1996) und Habilitation (Univ. Hamburg 2008) in Soziologie.

6   Anhang: Zukunftsszenarien und Reformszenarien

6.1   Zukunftsszenario 1 „Markt und Eigeninitiative"

Schlüsselfaktor	
Demographie	**Erwerbspotenzial (Quantität)** Ausbildung und Studium stehen im Vordergrund, das Berufsleben genießt anhaltend einen hohen Stellenwert. Die Altersgrenze ist hochflexibel und faktisch steigt so das Renteneintrittsalter. Dadurch steigt der Anteil der Erwerbstätigen im Verhältnis zum Rentenbezug und die Rente kann durch die erwerbstätige Bevölkerung gut erwirtschaftet werden. Die Erwerbslosigkeit ist gering, auch bei Menschen ohne deutschen Pass, weil der Arbeitsmarkt sehr aufnahmefähig ist. **Lebens-/Wohnformen** Der Lebensstil ist individuell, viele Single-Haushalte bei Senioren und jungen Menschen. Wohnkosten nehmen großen Anteil des Haushaltseinkommen ein, wer eine Familie gründet zieht häufig aufs Land. Hohe familieninterne Unterstützung, Wohlhabende vertrauen auf den Markt, Ärmere auf den Staat. **Migration** Boomende Clusterregionen um Wirtschaftszentren in ganz Europa, viele davon in Deutschland. Sie ziehen sowohl hoch- als auch geringqualifizierte MigrantInnen an. Übrige ländliche Räume setzen auf Tourismus und Landwirtschaft, verzeichnen allerdings sinkende Einwohnerzahlen. **Mortalität / Morbidität** Die Deutschen sparen für ihren dritten Lebensabschnitt, Privatversicherungen boomen, mit staatlicher Hilfe wird weniger gerechnet. Das Bewusstsein für eine gesunde Lebensweise ist hoch und man lebt lange, vor allem wenn man es sich leisten kann. **Work-Family Balance** Frauen und Männer wollen sich in der Arbeitswelt profilieren. Das Alter der Mütter bei Geburt des ersten Kindes steigt weiter. Diversität in der Gesellschaft wird akzeptiert. Inklusion wird gefördert, nicht-staatliche Initiativen sind dabei Vorreiter.
Digitalisierung	**Erwerbseffekte** Gute Arbeitsplätze gibt es für die "Denker", Arbeit auf mittleren und unteren Qualifikationsebenen wird zunehmend von der neuen Technik übernommen. Prekäre Arbeitsverhältnisse nehmen vor allem in den unteren Tätigkeitsbereichen zu. Die Bezahlung wird dem Markt überlassen, die Beschäftigung steigt. **Politische Steuerung** Die freie Marktwirtschaft lenkt weitgehend die Investitionen in Innovationen. Die Politik nimmt sich zurück, achtet aber auf Startgleichheit.

	Sozioökonomische Wirkungen Das Verbot Männern und Frauen unterschiedliche Gehälter bei gleichem Einsatz zu zahlen, wird vom Staat aus Antidiskriminierungsgründen durchgesetzt. Allerdings herrscht große Ungleichheit in der Vermögensverteilung in Deutschland. In Bildung wird investiert, Privatschulen wachsen weiter, Studiengebühren machen die Hochschulen flexibler und international attraktiv.
	Sozio-technische Strukturveränderungen Keine Besteuerung der Gewinne großer Plattform-Unternehmen, damit sie innovativ bleiben, Digitalisierung kann kaum als allgemeine Wohlstandsquelle genutzt werden.
Sozialstaat	**Dekommodifizierung / Arbeitsmarktbezug** Der Staat setzt im Niedriglohnsektor auf Kombilöhne sowie auf gestufte Sanktionierungen, mit dem Ziel größere Arbeitsanreize zu schaffen. Das Sicherungsniveau ist niedrig.
	Finanzierungsstruktur Der Staat konzentriert sich auf die Mindestsicherung und kann dadurch Sozialbeiträge und Steuern senken. Dadurch ist mehr private Vorsorge möglich. Für die Kapitalmarktrenditen ist der Staat nicht zuständig.
	Leistungsumfang Die gesetzliche Rente reicht gerade für bescheidene Grundbedarfe aus. Jeder muss für sich etwas zurücklegen. Daher ergeben sich große Unterschiede im Leistungsniveau. BürgerInnen mit geringem Einkommen arbeiten länger. Der Staat versucht mit Sachleistungen zu unterstützen.
	Performance des Sozialstaats Deutschland setzt auf einen schmalen und effizienten Sozialstaat. Man setzt auf Evaluation von Prozessen und stetige Optimierung. Dabei hilft auch der Privatsektor mit innovativen Lösungen, die allerdings mit höheren Verwaltungskosten einhergehen.
	Solidaritätsfunktion (intergenerational) Geringer staatlicher Generationenausgleich, die Jungen zahlen für die Alten. Das führt zu größerem privatem Ausgleich und einer Zementierung der Vermögensverhältnisse, wer kann unterstützt seine Kinder. Die Staatsverschuldung bleibt dafür gering.
	Stratifikation (Korporatismus) Private Systeme spielen eine primäre Rolle in der Versorgungsabsicherung. Wer Geld hat, zahlt ein. Wer arm ist, bleibt arm oder hofft auf Aufstieg.
	Umverteilung Die Beitragsbemessungsgrenze wird eher herabgesetzt, um private Vorsorge auszuweiten. Umverteilung gilt nicht als Ziel der Politik.

ISÖ
Institut für
Sozialökologie

6.2 Zukunftsszenario 2 „Starker Staat"

Schlüsselfaktor	
Demographie	**Erwerbspotenzial (Quantität)** Die deutsche Bevölkerung ist eher akademisch gebildet und führt ein langes, gesundes und gleichberechtigtes Leben mit eher niedrigem Renteneintrittsalter. Der Altenquotient ist eher hoch. Die Erwerbslosenquote ist durch hohe Frauenerwerbstätigkeit und aktive Arbeitsmarktpolitik niedrig. Migranten werden aktiv in den Arbeitsmarkt integriert. **Lebens-/Wohnformen** In der Familie gibt es Unterstützung von Eltern zum Kind, andersrum wird es schwer. Mietpreisbremsen und sozialer Wohnungsbau senken die Wohnkosten. Auch Enteignungen werden diskutiert. **Migration** Zuwanderung wird wenig reguliert, deshalb kommen aus dem Ausland eher schlecht ausgebildete Erwachsene. Dörfer mit vorhandener Daseinsvorsorge stellen einen attraktiven Wohnraum dar. **Mortalität / Morbidität** Hohe Lebenserwartung im Alter. Durch technischen Fortschritt erkennt man schwerwiegende Erkrankungen schnell, die Bevölkerung profitiert insgesamt vom technischen Fortschritt im Gesundheitssystem. Insgesamt lebt man lange gesund, die Pflegequote im hohen Alter ist moderat. **Work-Family Balance** Gleichberechtigtes Leben. Obwohl Frauen und Männer Vollzeit arbeiten, steigt die Fertilitätsrate auf 2 Kinder pro Frau. Diversität und Inklusion werden vom Staat stark kontrolliert und gefördert.
Digitalisierung	**Erwerbseffekte** Die Künstliche Intelligenz sowie die Robotik übernehmen zunehmend Routinetätigkeiten für das produzierende Gewerbe und im Dienstleistungssektor. Die deutsche Bevölkerung profitiert über Wertschöpfungssteuern von der Produktivität der Roboter. Der Staat reguliert die Digitalwirtschaft und kooperiert eng mit Gewerkschaften. **Politische Steuerung** Firmen investieren in ihre digitale Ausstattung, weniger in ArbeitnehmerInnen. Der Staat übernimmt die Schutzfunktion und investiert in Innovationen für die zukünftige Arbeitssicherung. **Sozioökonomische Wirkungen** Der Staat verteilt durch Steuern auf hohe Einkommen, Vermögen und Erbschaften deutlich um. Dadurch verringert sich die Vermögensungleichheit. Allerdings herrscht Angst vor Kapitalabwanderung. Männer und Frauen werden jedoch immer noch unterschiedlich bezahlt. Der Staat investiert in die Bildung aller, um Chancengleichheit zu ermöglichen.

ISÖ
Institut für
Sozialökologie

	Sozio-technische Strukturveränderungen Im klassischen Industriebereich führt die Digitalisierung zum Stellenabbau. Dagegen große Produktivitätszuwächse im Kommunikationssektor. Im staatlichen Bereich entstehen mehr Arbeitsplätze (Verschiebung von Markt zu staatlich organisierter Arbeit).
Sozialstaat	**Dekommodifizierung / Arbeitsmarktbezug** Alle BürgerInnen sind auf gleichem Niveau LeistungsbezieherInnen, es gibt keine Sanktionierungen. Im Zentrum der Sozialpolitik steht die Sicherung von Arbeitsplätzen. **Finanzierungsstruktur** Soziale Sicherung wird vermehrt durch Steuern finanziert. Dadurch öffnet sich ein größerer Topf für Sozialausgaben, aber Investitionen in anderen Bereichen (Infrastruktur, Digitalisierung, Bildung) werden geringer und umkämpft. Der Bundeszuschuss zur gesetzlichen Rentenversicherung steigt. **Leistungsumfang** Das Rentenniveau bleibt konstant, während das Renteneintrittsalter nicht angehoben wird. Geldleistungen dominieren Sachleistungen. Gesetzliche und betriebliche Rente sichern den Lebensstandard. **Performance des Sozialstaats** Deutschland hat einen starken Sozialstaat mit hoher Steuerungs-Leistung. Es herrscht hohe Transparenz und Effizienz. **Solidaritätsfunktion (intergenerational)** Dank Automatisierung und Robotik sinkt die finanzielle Belastung der Erwerbstätigen für die Soziale Sicherung. Dadurch kann die Lebensarbeitszeit möglicherweise sogar verkürzt werden. Man hat Zeit für das Ehrenamt im dritten Lebensabschnitt. **Stratifikation (Korporatismus)** Es herrscht Leistungsgleichheit zwischen den Berufsständen, da alle in einen Topf einzahlen. Die gesamte Bevölkerung profitiert durch ein hohes Niveau öffentlicher Leistungen. **Umverteilung** Die Beitragsbemessungsgrenze wird sehr stark angehoben. Umverteilung ist der Politik wichtig.

6.3 Zukunftsszenario 3 „Gemeinschaft zählt"

Schlüsselfaktor	
Demographie	**Erwerbspotenzial (Quantität)** Deutschland profiliert sich mit dem System der dualen Ausbildung. Das Berufsleben ist geprägt von Flexibilität und individuellem Zuschnitt. Die Erwerbslosenquote ist bei Deutschen geringer als bei Ausländern. Der Altenquotient erhöht

ISÖ
Institut für
Sozialökologie

	sich, weil die Geburtenrate sinkt. Das Renteneintrittsalter bleibt konstant oder steigt leicht an. **Lebens-/Wohnformen** Die Familie unterstützt, wo und wenn es geht. Auch der Staat unterstützt, beispielsweise mit der anteiligen Übernahme von Wohnkosten. Die Immobilienwirtschaft boomt. Es herrscht hohe Familiensolidarität zwischen den Generationen. **Migration** Es werden gezielt Arbeitskräfte im Ausland zur Förderung der deutschen Wirtschaft gesucht. Strukturell schwache Dörfer erleben Familienzuwachs, auch durch die Bereitstellung von kostenlosen Grundstücken. Regionale und nationale Identität wird betont. **Mortalität / Morbidität** Familiäre Pflege steht noch immer im Zentrum, auch die Kosten der Pflege im Alter werden eher privat getragen. Die Lebenserwartung steigt. **Work-Family Balance** Die Geburtenrate schwankt um 1,5 Kinder pro Frau bei mittlerer Frauenerwerbsbeteiligung. Frauen arbeiten häufig in Teilzeit und kümmern sich um Kind und Eltern. Die Inklusion wird über wohlfahrtstaatliche und gemeinnützige Anbieter organisiert.
Digitalisierung	**Erwerbseffekte** Künstliche Intelligenz übernimmt analytische Aufgaben in vielen wirtschaftlichen Sektoren. Menschen dienen als "AssistentInnen" und werden im Studium dafür ausgebildet. Die Robotik ist eine große Arbeitserleichterung für die ArbeitnehmerInnen und die sozialversicherungspflichtigen Arbeitsverhältnisse haben sich dem angepasst. Das Erwerbsniveau ist stabil und das Einkommen gesichert. **Politische Steuerung** Es wird in die künstliche Intelligenz weiter investiert, um auf dem Markt zu überleben. Dadurch profitieren große digitale Plattform-Unternehmen mit geringen Personalkosten. **Sozioökonomische Wirkungen** Es läuft wie bisher. Frauen verdienen in der gleichen Position wie Männer weniger. Die Ungleichheit zwischen arm und reich nimmt eher zu. In Bildung wird regional sehr unterschiedlich investiert. Freie Schulen florieren. **Sozio-technische Strukturveränderungen** Digitalisierung und Breitbandausbau bringen Wohlstand in den ländlichen Raum. Die Menschen profitieren von neuen Arbeitsformen (z.B. Home Office). Durch eGovernment und digitale Strukturen wird das Leben erleichtert. Allerdings werden immer noch ArbeitnehmerInnen zur weiteren Verarbeitung von Arbeitsaufträgen benötigt, besonders auch im Care-Bereich. Die Digitalisierung wird zur optimalen Assistenz.
Sozialstaat	**Dekommodifizierung / Arbeitsmarktbezug** Hartz IV bleibt bestehen mit steigendem Anteil an LeistungsbezieherInnen der Grundsicherung im Alter. Leicht gestiegenes Grundsicherungsniveau. Bei Kindererziehung und Pflege gute soziale Absicherung.

Finanzierungsstruktur Verbände setzen sich vehement für das gegliederte Sicherungssystem ein. Jeder bezahlt festgelegte Beiträge und stockt wenn möglich privat auf. Dadurch weitet sich das Zweiklassensystem im Renten- und Gesundheitsbereich aus. Bedarfsorientierte Leistungen nehmen zu. Das Prinzip der Subsidiarität wird betont.

Leistungsumfang Das Rentenniveau sinkt, da bei einem Renteneintrittsalter von 67 Jahren immer mehr Rentner immer weniger Beitragszahlern gegenüberstehen. Leistungen der Pflege und Rentenversicherung müssen mit hohen staatlichen Zuschüssen finanziert werden. Das Prinzip der Beitragsäquivalenz wird bei der Rente eingehalten.

Performance des Sozialstaats Verwaltungskosten sind durch zahlreiche Bedürftigkeitsprüfungen im gegliederten System hoch. Dadurch hohe Zufriedenheit bei vielen, weil kein Cent zu viel an "die Falschen" geht. Trägervielfalt und Wahlfreiheit durch Subsidiarität. Transparenz und Evaluationen konzentrieren sich trägerinterne Prozesse.

Solidaritätsfunktion (intergenerational) Durch den Renteneintritt der Babyboomer-Generationen wird deutliche Beitragserhöhung bei der aktuellen Generation im erwerbsfähigen Alter erforderlich. Dadurch ist die Generationenbilanz schlecht. Auch RentnerInnen müssen noch arbeiten, um gut leben zu können (z.B. Minijobs).

Stratifikation (Korporatismus) Aufgrund des gemeinschaftlichen Denkens konkurrieren berufsständische Versorgungswerke und Sondersysteme weiterhin mit den Sozialversicherungen. Partikularismus wiegt mehr als Universalismus.

Umverteilung Die Beitragsbemessungsgrenze wird leicht angehoben. Moderate Umverteilung.

6.4 Zukunftsszenario 4 „Teilhabe für alle"

Schlüsselfaktor	
Demographie	**Erwerbspotenzial (Quantität)** Die Akademikerquote liegt auf internationalem Spitzenniveau, Betriebe ziehen sich aus der Ausbildung zurück. Das Renteneintrittsalter wird flexibel gehandhabt steigt aber deutlich an, dadurch sinkt der Altenquotient. Geringe Erwerbslosigkeit bei Deutschen und AusländerInnen. **Lebens-/Wohnformen** Menschen leben nach freiem Willen zusammen, ob in der Familie oder zusammengewürfelt in Gemeinschaftswohnungen. Auch die wechselseitige Unterstützung in der Familie

ISÖ
Institut für
Sozialökologie

	basiert auf vollständiger Freiwilligkeit. Individualisierung und Single-haushalte dominieren jedoch. **Migration** Zuwanderung von jungen und eher gebildeten Migranten. Städte erfahren Zuwachs, der ländliche Raum wird zur sozial-kulturellen Zukunftsregion und nicht mehr abgehängt. Kulturelle Vielfalt gilt als Wert an sich. **Mortalität/ Morbidität** Man achtet sein gesamtes Leben auf seine Gesundheit, der Sozialstaat hilft dabei. Damit investiert man auch in ein gesundes Alter. Allerdings akzeptiert man auch den Alterungsprozess ohne Murren. **Work-Family Balance** Deutschland ist divers und Inklusion hat Priorität, auch der Staat setzt sich dafür stark ein. Phasen der Sorgearbeit (Care-Work) werden durch den Sozialstaat abgesichert. Dies wirkt sich auf die Fertilität positiv aus.
Digitalisierung	**Erwerbseffekte** Die Digitalisierung führt zu einem Arbeitsboom in Deutschland, da noch intensiver global vernetzt werden kann. Die Gesamtbeschäftigung steigt, genauso wie das Einkommensniveau. Weiterbildung hält mit der durch Digitalisierung bedingten Veränderung von beruflichen Tätigkeiten Schritt. **Politische Steuerung** Der Staat investiert in Start-ups und neue Ideen, um auf dem globalen Markt zu bestehen. Diese erhalten einen "Schutz" zu Beginn, um sich zu entwickeln. Die Menschen sind motiviert, neue Wege zu gehen. Eine Pionierstimmung herrscht. **Sozioökonomische Wirkungen** Eine gesteigerte Wertschätzung und Entlohnung sozialer Berufe geht mit höherer Beteiligung der Männer in diesen Berufen einher. Der Gender-Pay-Gap ist auf eine vernachlässigbare Größe geschrumpft. Einkommensungleichheit verringert sich durch Aufwertung sozialer Berufe und Weiterqualifizierung. **Sozio-technische Strukturveränderungen** Deutschland nimmt dank Regulierungsmaßnahmen beim Ausbau digitaler Infrastruktur , bei Investitionen in Digitalkompetenzen der Mitarbeiter sowie im Strukturwandel hin zu digitalen Technologien bei kleinen und mittleren Unternehmen eine Vorreiterrolle ein. Auch der Care-Bereich profitiert und wächst, die Berufe im Sozialsektor gewinnen erheblich an Anerkennung. Hohes Wirtschaftswachstum, hohe Arbeitsproduktivität.
Sozialstaat	**Dekommodifizierung/ Arbeitsmarktbezug** Auf niedrigem Niveau sind alle BürgerInnen dem Grunde nach LeistungsbezieherInnen, die Bedarfsprüfung ist abgeschafft, außer bei Sonderbedarfen. Sanktionierungen wurden durch ein Belohnungssystem ersetzt. **Finanzierungsstruktur** Die Sozialversicherungen werden zu Bürgerversicherungen. Die Soziale Sicherung basiert auf steuerähnlichen

Beiträgen, ähnlich den Systemen Schweiz/Holland. Gebietskörperschaften haben dadurch mehr Spielraum für gute Dienstleistungen und Infrastruktur, da Geld im Umlauf ist.

Leistungsumfang Im Alter dominiert die Grundrente für Alle, deren Niveau höher ist als das der heutigen bedarfsorientierten Grundsicherung. Die Beitragsäquivalenz gilt, aber in reduzierter Form. Das Eingesparte wird in den Gesundheitsbereich und zur Bekämpfung von Armut investiert.

Performance des Sozialstaats Geringere Verwaltungskosten durch Bündelung der Sozialleistungen und Wegfall der Bedürftigkeitsprüfung. Die überwiegende Mehrheit der Sozialen Sicherung ist öffentlich organisiert. Hohes Maß an Monitoring und Evaluierung garantiert Effektivität und Transparenz. Die Sozialausgaben sind im internationalen Vergleich hoch, werden aber als lohnende Investitionen begriffen

Solidaritätsfunktion (intergenerational) Durch einen Grundbetrag an alle ist die Solidaritätsfunktion des Sozialstaats zur Existenzsicherung voll ausgeprägt. Das Rentenniveau in der Bürgerversicherung ist für die Mehrheit hoch.

Stratifikation (Korporatismus) Berufsständische Versorgungswerke und Sondersysteme konzentrieren sich auf Zusatzversorgung oberhalb der Leistungen der Bürgerversicherung.

Umverteilung Die Beitragsbemessungsgrenze ist aufgehoben. Umverteilung ist wichtig, wird aber nicht laut gefordert.

Hinweise für alle vier Reformszenarien

Grundsätzlich drei Varianten über alle vier Reformszenarien zu simulieren:

1) Existenzminimum (Status Quo vs. plus ca. 30% des Regelsatzes)

2) Existenzminimum vs. partielles/Teil-Grundeinkommen

3) Haushaltsprinzip vs. Individualprinzip

6.5 Reformszenario 1 „Bürgergeld (mit Bürgerpauschale)"

RS 1 „Bürgergeld (mit Bürgerpauschale)"

Das Bürgergeld in Form einer „Negativen Einkommensteuer" dient vor allem der Unterstützung der Arbeitsmarkt- und Leistungsmotivation in den unteren Arbeitsmarktsegmenten. Die Bürgerpauschale (bzw. Kopfpauschale/Gesundheitsprämie) für Gesundheit und Pflege dient der Förderung des Wettbewerbs zwischen gesetzlichen und privaten Kranken-/Pflegekassen.

Wesentliche Merkmale

	Einkommenssicherung	Gesundheit/Pflege
Erfasster bzw. zu erfassender Personenkreis	Steuerbürger (Einkommensteuerpflicht)	
Finanzierungsart	Einkommensteuer (Modell „Negative Einkommensteuer")	Prämienpauschale für alle BürgerInnen gleich
Sicherungsniveau	Existenzminimum (800 Euro) / Variante 1000 Euro (= Status quo plus 30% auf Regelsatz) (Kinder = 50%, sächliches Existenzminimum / Partner: OECD-Skala / nahe Status Quo) Variante: Teil-Bürgergeld in Höhe Regelsatz	Die bisherigen Ausgaben der Gesetzlichen und Privaten Kranken- und Pflegeversicherung (GKV/PKV) werden durch eine nicht einkommensabhängige Bürgerpauschale finanziert (monatlich ca. 300 Euro für Erwachsene/150 Euro pro Kind). Zusätzliches Sicherungsniveau der PKV wird behandelt wie PKV-Zusatzversicherung bei GKV-Versicherten (bspw. in Form einer höheren Bürgerprämie bei privaten KVen).
Institutionelle Ausformung bzw. Verwaltung	Einbau in Einkommensteuertarif (Verlängerung nach unten) Administration über Finanzämter	Die Erhebung erfolgt durch die Finanzämter für den Gesundheitsfonds
Berücksichtigung von Sonderbedarfen	Zuschläge bei Sonderbedarfen (z.B. Eingliederungshilfe), Wohngeld bleiben erhalten	
Unterhalt bzw. Haushalt, Vermögensanrechnung	Abhängig von Veranlagung Bei Individualbesteuerung bzw. Verzicht auf Partnersubsidiarität liegt Abschaffung	BürgerInnen mit niedrigem Einkommen erhalten durch die Finanzämter einen Zuschuss, um die Bürgerpauschale auf-

	von Steuervorteilen im Erbrecht etc. nahe Keine Vermögensanrechnung	bringen zu können. Dieser Zuschuss wird in den Steuertarif eingearbeitet.
Auswirkungen auf… **(a) steuerfinanzierte Sozialtransfers** **(b) auf Sozialversicherungen** **(c) öffentliche Infrastrukturen, Dienstleistungen** **(d) Gestaltung Arbeitsmarktpolitik**	(a) werden in der Regel mit Bürgergeld verrechnet (nicht jedoch Wohngeld und Eingliederungshilfe oberhalb Existenzminimum) (b) bis Höhe Existenzminimum werden Geldleistungen aus Sozialversicherungen vollständig angerechnet (Progressionsvorbehalt) (c) systematisch keine Auswirkungen (d) Fortfall von Sanktionen für Nichtannahme von Arbeitsangeboten	(a) keine (b) Die gesetzlichen und die privaten Kranken- und Pflegeversicherungen existieren weiterhin, werden aber nicht mehr aus Beiträgen auf Erwerbseinkommen finanziert. (c) Keine (d) Erwerbsanreiz für höhere Einkommensgruppen steigt, da Abgaben pauschaliert
Finanzbedarf **Finanzierung**	• Gering, wenn Parameter (Niveau, Anrechnung) nahe am Status Quo • Mehrkosten entstehend durch die erwartbare höhere Inanspruchnahmequote und vor allem bei Ausweitung der Transferempfängergruppe durch die Senkung die Transferentzugsrate • Einsparung bei Verwaltungskosten	Im Grundsatz kein Mehrbedarf, da Ausgabenseite unverändert. Möglicherweise Kostensenkung aufgrund stärkeren Wettbewerbs zwischen den Kassenarten.
Anmerkungen	*Abbaurate von Transfers 100% / Erwerbseinkommen 50-70%, daraus ergibt sich das breakeven Einkommen = Transfergrenze (zugleich faktisch Grundfreibetrag für Einkommensteuer). Übersteigende Einkommen werden netto besteuert mit eigenem Steuertarif: Flatrate Tarif oder progressiver Einkommensteuertarif,*	*Das Modell der Bürgerpauschale orientiert sich an der „Kopfpauschale" der Schweiz, behält aber den in Deutschland eingeführten „Gesundheitsfonds" als zentrales Ausgleichsinstrument zwischen den Kassenarten. Gesetzliche und private Kassen stehen damit im Wettbewerb. Beamte*

ISÖ
Institut für
Sozialökologie

ausgehend vom derzeitigen Tarifverlauf, d.h. ab der Transfergrenze wird der „normale" progressive Einkommensteuertarif eingesetzt mit erst niedrigeren und dann steigenden Grenzbelastungen. Grundsicherung, Kinderzuschlag, Sozialhilfe und Bafög entfallen, Elterngeld wird bis Existenzminimum angerechnet.	*und Selbstständige sind im System integriert.*

6.6 Reformszenario 2 „Grundeinkommen (mit steuerfinanziertem Gesundheits- und Pflegesystem)"

RS 2 „Grundeinkommen (mit steuerfinanziertem Gesundheits- und Pflegesystem)"

Das Grundeinkommen in Form einer „Sozialdividende" steht jeder/m legalen Einwohnerln monatlich zu und unterliegt (analog „Primäreinkommen") der Einkommensteuer- und Sozialversicherungsbeitragspflicht. Das Gesundheits-/Pflegesystem wird vollständig aus Steuermitteln finanziert.

Wesentliche Merkmale

	Einkommenssicherung	Gesundheit/Pflege
Erfasster bzw. zu erfassender Personenkreis	Legale Einwohner (einkommensteuerpflichtig)	
Finanzierungsart	Einkommensteuer (Typ Sozialdividende, wie negative Einkommensteuer/Bürgergeld), aber Auszahlung ex ante	
Sicherungsniveau	Existenzminimum (800 Euro) / Variante 1000 Euro (= Status quo plus 30% auf Regelsatz) (Kinder = 50%, sächliches Existenzminimum / Partner: OECD-Skala / nahe Status Quo) (plus Sozialversicherungsbeiträge Arbeitnehmeranteil)	Status quo (ceteris paribus) der GKV Zusätzliches Sicherungsniveau der PKV wird behandelt wie PKV-Zusatzversicherung bei GKV-Versicherten, d.h. eine solche Zusatzversicherung wird auch künftig angeboten und in

ISÖ
Institut für
Sozialökologie

	Variante: Teil-Grundeinkommen (Partial Basic Income / Basisgeld) nach Modell Kindergeld	den Gesamtkosten simuliert.
Institutionelle Ausformung bzw. Verwaltung	Einbau in Einkommensteuertarif (Verlängerung nach unten), Erwerbseinkommen und Vermögenseinkommen werden ohne Freibetrag versteuert und (bis Beitragsbemessungsgrenze) verbeitragt Administration über Finanzämter	Entweder national (wie „National Health Service" in UK) oder kommunal (wie in Dänemark)
Berücksichtigung von Sonderbedarfen	Zuschläge bei Sonderbedarfen (z.B. Eingliederungshilfe), Wohngeld bleibt erhalten	Status quo (c.p.)
Unterhalt bzw. Haushalt, Vermögensanrechnung	Alternative: Individualprinzip (Partner mit Faktor 1), dann zahlreiche Folgeänderungen (Erbrecht, Unterhaltsrecht, Familienversicherung) Keine Vermögensanrechnung	Keine Anrechnung = Status quo (c.p.)
Auswirkungen auf **(a) steuerfinanzierte Sozialtransfers**	werden in der Regel mit Grundeinkommen verrechnet (nicht jedoch Wohngeld und Sonderbedarfe wie Eingliederungshilfe)	Keine
(b) auf Sozialversicherungen	bis Höhe Grundeinkommen werden Geldleistungen aus Sozialversicherungen vollständig angerechnet. Mit Sozialversicherungspflichtigkeit des Grundeinkommens entstehen Ansprüche auf Geld-	GKV wird in Gesundheits-/Pflegedienst integriert PKV auf Zusatzversicherung für höheres Leistungsniveau (z.B. alternative Heilmethoden, Einbettzimmer) konzentriert

ISÖ
Institut für
Sozialökologie

(c) öffentliche Infrastrukturen, Dienstleistungen	leistungen (z.B. Rente, Krankengeld) erst oberhalb des Grundeinkommens.	Engere Kooperation und Koproduktion zu erwarten
(d) Gestaltung Arbeitsmarktpolitik	systematisch keine Auswirkungen	Keine Auswirkungen
	Fortfall von Sanktionen für Nichtannahme von Arbeitsangeboten; höherer Arbeitsanreiz als im Status quo, da keine explizite Anrechnung von Erwerbseinkommen (nur indirekt über Besteuerung und Verbeitragung)	
Finanzbedarf Finanzierung	Eventuell höher als bei Bürgergeld durch Auszahlung an alle und nur partieller Abbau durch Verbeitragung und Besteuerung	Im Grundsatz kein Mehrbedarf, da Ausgabenseite unverändert. Möglicherweise Kostensenkung aufgrund höherer Effizienz (siehe die deutlich geringeren Kostenanteile des NHS in GB am BIP).
Anmerkungen	*Kranken-/Pflegeversicherung davon unabhängig. Einkommensteuertarif mit Grundeinkommen als Grundfreibetrag, übersteigende Einkommen mit progressivem Einkommensteuertarif unter- und oberhalb der Transfergrenze, ausgehend vom derzeitigen Tarifverlauf. Sondertarif für Transfers, die zu 100% auf das Grundeinkommen angerechnet werden. Vermögenseinkommen werden abweichend von Status Quo bis Beitragsbemessungsgrenze sozialversicherungspflichtig (Gleichstellung mit Erwerbseinkommen).*	

ISÖ
Institut für
Sozialökologie

Grundsicherung, Kinderzu-schlag, Sozialhilfe und Bafög entfallen, Elterngeld wird bis Grundeinkommen angerech-net.		

6.7 Reformszenario 3 „Sozialversicherung (mit Grundsicherung bzw. Garantiesicherung)"

RS 3 „Sozialversicherung (mit Grundsicherung bzw. Garantiesicherung)"

Beitragsfinanzierte, lebensstandardsichernde („Bismarcksche") Sozialversi-cherung mit „Sockelung" durch bedarfsorientierte Grundsicherung („Garantiesi-cherung"). Gesundheits-/Pflegeversicherung wie bisher im gegliederten System (GKV, PKV, Beihilfe).

Wesentliche Merkmale

	Einkommenssicherung	Gesundheit/Pflege
Erfasster bzw. zu er-fassender Personen-kreis	Sozialversicherungspflichtig Beschäftigte und legale Einwohner	
Finanzierungsart	Beiträge auf Erwerbseinkom-men plus Steuerzuschuss aus Bundeshaushalt bzw. unmittel-bare Finanzierung aus Bundes-haushalt	Status quo (c.p.)
Sicherungsniveau	Existenzminimum (800 Euro) / Variante 1000 Euro (= Status quo plus 30% auf Regelsatz), (Kinder = 50%, sächliches Exis-tenzminimum / Partner: OECD-Skala / nahe Status Quo). Sozialversicherungen: Lebens-standardsicherung	Status quo (c.p.)
Institutionelle Ausfor-mung bzw. Verwaltung	Status Quo	Status quo (c.p.)

	Grundsicherung bzw. Garantiesicherung wird über die Sozialversicherungsträger ausgezahlt, Datenabgleich mit Finanzbehörden	
Berücksichtigung von Sonderbedarfen	Wie Status Quo (d.h. Sonderbedarfe, Wohngeld usf.)	Status quo (c.p.)
Unterhalt bzw. Haushalt, Vermögensanrechnung	Sozialversicherungsleistungen individuell, bei GRV Hinterbliebenensicherung, bei GKV Familienmitversicherung; Grundsicherung Fürsorgeprinzip (Bedarfsprüfung, Vermögensanrechnung, evtl. Sanktionen)	Status quo (c.p.)
Auswirkungen auf		
(a) steuerfinanzierte Sozialtransfers	insgesamt steigt der Anteil der Steuerfinanzierung in der Sozialpolitik	keine
(b) auf Sozialversicherungen	Sozialversicherungen werden in berufsständischer Struktur nicht berührt	Status quo (c.p.)
(c) öffentliche Infrastrukturen, Dienstleistungen	systematisch keine Auswirkungen	Status quo (c.p.)
(d) Gestaltung Arbeitsmarktpolitik	Arbeitsanreiz siehe Bürgergeld	keine
Finanzbedarf Finanzierung	Abhängig von Niveau und Anrechnungsregeln, siehe Bürgergeld	Siehe Studie Kaltenborn 2019
Anmerkungen	*Grundsicherung, Kindergeld/Kinderzuschlag, Wohngeld, ggf. auch Bafög integriert; dadurch gegenüber Status Quo veränderte Transferentzugsrate und ggf. erweiterter Anspruchskreis*	

ISÖ
Institut für
Sozialökologie

Sanktionen können bei "Garantie-sicherung" in Sozialversicherung auch aufgehoben werden	

6.8 Reformszenario 4 „Bürgerversicherung (mit Grundeinkommensversicherung)"

RS 4 „Bürgerversicherung (mit Grundeinkommensversicherung)"

Grundeinkommensversicherung nach dem Modell der Schweizer AHV in allen Risikolagen für Geldleistungen (Alter, Arbeitslosigkeit, Elternschaft, Krankheit, Behinderung, Kindheit, Ausbildung) und für den Risikobereich Gesundheit/Pflege.

Wesentliche Merkmale

	Einkommenssicherung	Gesundheit/Pflege
Erfasster bzw. zu erfassender Personenkreis	Alle wirtschaftlich tätigen, legalen Einwohner	
Finanzierungsart	Sozialsteuern (Bruttoeinkommen, Arbeitgeberbrutto), d.h. nicht mit Werbungskosten verrechenbare Beiträge auf alle Einkommensarten, ohne Beitragsbemessungsgrenze.	
Sicherungsniveau	Existenzminimum (800 Euro) / Variante 1000 Euro (= Status quo plus 30% auf Regelsatz, im Alter plus 20% (Kinder = 50%, sächliches Existenzminimum / Partner: OECD-Skala / nahe Status Quo) - In Abhängigkeit von Beitragszahlung bis 200% des Existenzminimums (Variante: 300%) Teil-Grundeinkommen = "Bafög für Alle" (50% Zuschuss/50% Darlehen), wenn kein Tatbestand für	Status quo GKV (c.p.) PKV auf Zusatzversicherung für höheres Leistungsniveau (z.B. alternative Heilmethoden, Einbettzimmer) konzentriert

ISÖ
Institut für
Sozialökologie

	Grundeinkommensanspruch (z.B. Rente, Arbeitslosigkeit, Kindererziehung, Krankheit, Behinderung, ggf. Studium/Ausbildung) vorliegt. Leistungsanspruch nach Mindestversicherungszeit.	
Institutionelle Ausformung bzw. Verwaltung	Bundesamt für Sozialversicherungen (siehe Schweiz)	Status Quo (c.p.) bzw. Ähnlich Österreich
Berücksichtigung von Sonderbedarfen	Zuschlagssystem (siehe AHV-Zuschläge)	Status Quo (c.p.)
Unterhalt bzw. Haushalt, Vermögens-anrechnung	Individualprinzip, bei Leistungsauszahlung kann Abschlag für Ehepartner erfolgen, wenn Ehen im Erbrecht begünstigt sind (in Schweiz Ehepaar 1,5) Keine Vermögensanrechnung	Familienversicherung in GKV auf kostenfreie Mitversicherung von Kindern konzentriert.
Auswirkungen auf **(a) steuerfinanzierte Sozialtransfers** **(b) auf Sozialversicherungen** **(c) öffentliche Infrastrukturen, Dienstleistungen**	Anrechnung steuerfinanzierter Transfers (aus für Sonderbedarfe wie Wohngeld) oberhalb des Existenzminimums Integration der bisherigen Sozialversicherungen in die Grundeinkommensversicherung mit Übergangsregelungen (für die Lebensstandardversicherung oberhalb des Grundeinkommens), auch die Kranken- und Pflegeversicherung wird auf Bürgerversicherung umgestellt.	Keine GKV System wird weiter integriert PKV auf Zusatzversicherung für höheres Leistungsniveau (z.B. alternative Heilmethoden, Einbettzimmer) konzentriert

(d) Gestaltung Arbeits-marktpolitik	keine systematische Aus-wirkung Insgesamt hohe Arbeits-marktintegration, langfristi-ger Erwerbsanreiz	
Finanzbedarf Finanzierung	Offen	Offen
Anmerkungen	*Modell AHV der Schweiz; für Personen in Ausbildung und ohne Arbeitsmarktbezug "Bafög für alle" (50% der Leistung als Darlehen)* *Im Prinzip sanktionsfrei in Bezug auf Arbeitsmarkt, aber volles Sicherungsniveau nur bei nachweislicher Zugehörigkeit zu Arbeitssuchenden, Kranken bzw. Elternstatus (über Aufbau von Anwartschaften); Erwerbstätige mit Einkommen unterhalb des Existenzminimum erhalten Zuschlag bis Existenzminimum (Aufstocker wie Status Quo)* *Einkommen aus Grundeinkommensversicherung werden nicht mit Sozialsteuer belegt* *Mindestversicherungszeit 8 Jahre (wie Reddito Cittadinanza in Italien) prüfen*	*Sowohl Schweiz (Kopfpauschale als Bürgerversicherung mit Prämienzuschuss) wie Österreich enthalten Blaupausen für eine Bürgerversicherung im Bereich Gesundheit/Pflege*

ISÖ
Institut für
Sozialökologie

IMPRESSUM

Impressum

ISÖ – Institut für Sozialökologie gemeinnützige GmbH

Tel.: +49 (0) 2241 1457073
Fax: +49 (0) 2241 1457039

Ringstraße 8
53721 Siegburg

Wissenschaftlicher Leiter und Geschäftsführer

Prof. Dr. habil. Michael Opielka

Förder- und Trägerverein

Sozialökologische Gesellschaft e.V. (gemeinnützig) - gegründet 1987

Mitgliedschaften

Mitglied der Arbeitsgemeinschaft Sozialwissenschaftlicher Institute e.V. (ASI)
Mitglied im Deutschen Verein für öffentliche und private Fürsorge e.V.

www.isoe.org

ISÖ
Institut für
Sozialökologie